The Riser

Der Schotten-Krimi
Spionage in Rosyth

The Riser

Der Schotten-Krimi

Spionage in Rosyth

Rediroma-Verlag

Bibliografische Information der Deutschen Nationalbibliothek:
Die Deutsche Nationalbibliothek verzeichnet diese Publikation in der Deutschen Nationalbibliografie; detaillierte bibliografische Daten sind im Internet über http://dnb.ddb.de abrufbar.

ISBN 978-3-96103-674-5

Der Autor bittet, eventuelle Fehler
zu entschuldigen, da er Legastheniker ist.

www.rediroma-verlag.de
9,95 Euro (D)

Inhalt

Kapitel 1

Der MI 5 wird aufmerksam

Wir haben einen Montag Anfang März 2019 in London und ein kalter Wind pfeift über die Themse.

Wir befinden uns im Thames House, das seit 1994 der Hauptsitz des britischen Geheimdienstes MI 5 ist. Das zweiteilige Gebäude befindet sich in der britischen Hauptstadt London am Nordufer der Themse auf Höhe der Lambeth Bridge (an der Kreuzung Millbank mit Horseferry Road). Es wurde 1929 bis 1930 von der Firma John Mowlem & Co in der neoklassizistischen Tradition des Edwin Lutyens errichtet.

Im siebten Stock in einem Eckbüro stand John Brown, Agent beim MI 5, am Fenster und schaute sich den morgendlichen Verkehr auf der Lamberth Bridge an. Es war nicht sein Tag, das Wochenende war eher durchwachsen gewesen und das einzige, was ihn über die Runden brachte, war sein Single Malt aus Schottland.

Seit seiner Scheidung von seiner Ex-Frau Doreen stürzte er sich noch mehr in die Arbeit, um zu verdrängen und zu vergessen. Wenn er auf seine Ex-Frau angesprochen wurde, erwiderte er meist zynisch: „Ja, ich rede noch mit Doreen, über Bankanweisung.“ Das zeigte viel von seiner Härte und seinem Zynismus, den er sich in den Jahren beim MI 5 zugelegt hatte.

Jetzt, Ende 40, mit einer guten Pensionserwartung fühlte er sich seinem Job mehr verpflichtet als jedem anderen auf der Welt.

Er stand nun hier und wartete auf seinen Partner und Kollegen im Büro, Michael Jones, der mal wieder mehr als spät dran war. Hier beim MI 5 arbeiteten die Agenten immer im Zweierteam, so passte der eine immer auf den anderen auf, das hatte sich über die Jahre bestens bewährt.

Er hatte beim Öffnen seiner internen Hausmail gelesen, dass er sich umgehend mit Agent Jones bei ihrem Vorgesetzten Sir Powell im achten Stock einfinden möge. Wenn man hier solche Mails bekam, konnte das nur eine Menge Arbeit bedeuten.

Und wie auf‘s Stichwort betrat Michael Jones das Büro, auch knapp an den 50ern. Er hatte, wie er immer wieder gerne ausführte, lieber nie geheiratet, warum auch? Wenn er ein Glas Milch trinken wollte, kaufte er doch keine Kuh, und so lebte er auch. Er entschuldigte sich dafür, dass er so spät dran sei und dass wie üblich mal wieder in der ganzen Stadt Stau war, selbst in der Tube ging nicht alles wie gewöhnlich und er ließ eine Menge Zeit beim Umsteigen liegen. Er kramte seine Aktentasche unter den Tisch, hängte seinen Mantel auf den Kleiderständer und John drehte sich zu ihm und sagte schnell: „Richte dich nicht zu häuslich ein, wir müssen nach oben zum Sir.“

Dann schauten sich beide an und dachten sich ihren Teil, denn zum „Sir“ wurde man eigentlich nur sehr selten zitiert, das machte schon ein wenig Magengrummeln.

Also sammelten sich die beiden und gingen über das Treppenhaus ein Stockwerk höher ins geheiligte Reich ihres Chefs, zwar auch nicht der Obermotz im MI 5, aber einflussreich genug, um ihnen die Karriere zu beenden oder das Leben sauer zu machen.

Man sollte sich in solch hierarchischen Gebilden, wie auch der Geheimdienst einer ist, seine Vorgesetzten nie zum Feind machen, denn nichts ist schlimmer als der Feind im eigenen Haus.

Als sie nun vor dem Büro von Sir Powell standen, traten sie ein und landeten bei Mrs. Petiver, der Vorzimmerdame vom Sir.

Brown schob Jones an den Tisch und meldete dann: „Brown und Jones zum Rapport bei Sir Powell“, welches Mrs. Petiver stirnrunzelnd mit dem Kommentar „Haben die Herren den Weg zu uns gefunden, hat ja ein wenig gedauert“ beantwortete.

Mrs. Petiver war eine in allen Ehren ergraute Dame, die mit ihrem Job und ihrer Liebe zu England verheiratet war. Sie griff an den Knopf der Gegensprechanlage und kündigte die beiden Herren an. Dann stand sie auf und führte sie ins Allerheiligste, dem Büro vom Sir.

Als Brown und Jones nun vor dem riesigen Schreibtisch von Sir Powell standen, schaute dieser auf, winkte Mrs. Petiver aus dem Raum und machte eine Handbewegung, die den beiden Herren signalisieren sollte, dass sie sich setzen sollten. Dann schaute er die beiden an und begann zu sprechen. „Guten Morgen, die Herren, schön, dass sie Zeit gefunden haben, mich hier zu besuchen.“

Sir Powell war schon weit über 70 und hatte eine glänzende Karriere beim Militär und später bei den Geheimdiensten hinter sich, er liebte es zu arbeiten und Macht auszuüben, darum war er ja auch noch auf seinem Platz, wenig Haare, aber strenge und wachsame Augen.

Als Jones etwas zur Entschuldigung sagen wollte, schnitt ihm Sir Powell mit einer Handbewegung unwirsch das Wort ab und kam zur Sache. „Meine Herren, wir sind hier nicht auf einem Picknick, wir sind beim Geheimdienst und das ist unsere Aufgabe, Spionage und Gegenspionage und nun ohne viel Federlesens, ich habe einen Fall, den mir das MI 6 auf‘s Auge gedrückt hat und den drücke ich Ihnen jetzt aufs Auge, und ich sage Ihnen, das Problem ist der MI 6, der will Ergebnisse. Liefern Sie diese, so wird es nicht zu Ihrem Schaden sein. Und nun mal ans Eingemachte, haben Sie bis jetzt Fragen?“

Als sich die Agenten Brown und Jones lieber auf die Zunge bissen, um sich nur ja nicht um Kopf und Kragen zu reden, grinste der Sir, drückte auf die Gegensprechanlage und bestellte bei Mrs. Petiver Tee, denn er liebt Tee, Tee für drei, das sollte Vertrauen schaffen.

Dann begann Sir Powell zu referieren. „Letzten Freitag erschien Roderick Fitzhume, ein Abteilungsleiter vom MI 6, bei mir, knallte mir eine Akte auf den Schreibtisch und meinte, wir haben zu Ende ermittelt, der Rest ist eure Sache. Im Übrigen liegen Kopien dieser Akte auch vor Ihnen. Fitzhume meinte, was den Auslandsgeheimdienst angeht, haben sie ihre Pflicht erfüllt, jetzt sind wir als Inlandsgeheimdienst am Zug.“

Da öffnete sich die Tür und Mrs. Petiver schob einen Teewagen mit einigen Tassen, Tee und auch ein paar sehr appetitlichen Sandwiches herein. Als sie den Teewagen am Schreibtisch platziert hatte, jedem der anwesenden Herren eine Tasse Tee, mit oder ohne Creme, gereicht hatte, verschwand sie wieder so lautlos, wie sie gekommen war.

Da saßen Sie nun, Brown und Jones, mit ihren Teetassen in der Hand wie die kleinen Schüler und wussten wirklich nicht, was jetzt passieren sollte. Also nippten sie am wirklich vorzüglichen Earl Grey und Sir Powell schmunzelte, als er merkte, wie nervös seine Männer wurden, also legte er los.

„Meine Herren, ich bitte Sie, Mrs. Petivers Sandwiches zu probieren, die Gurken- und Kresse-Sandwiches sind ein Gedicht, ich sage immer, ein Tag ohne Gurke und Kresse

Sandwich ist ein vergeudeter Tag."

Da legte Jones für sich und auch für Brown ein Sandwich auf einen kleinen Teller, reichte einen an Brown weiter und dann bissen beide eingeschüchtert in die wirklich köstlichen Sandwiches.

Sir Powell lächelte und packte dann aus: „Jetzt wollen wir uns dann auch mal um das Wichtigste kümmern, während Sie sich an den köstlichen Sandwiches laben. Was sagt Ihnen Murmansk, meine Herren?"

Nach einigen Gedächtnissekunden meinte Brown, nachdem er einen Bissen Sandwich heruntergeschluckt hat: „Murmansk, nördlich des Polarkreises gelegene Hafenstadt auf der russischen Halbinsel Kola. Ausläufer des Golfstroms sichern der Stadt einen auch im Winter eisfreien Hafen, der bis 1991 militärisches Sperrgebiet war. Murmansk sowie das 20 Kilometer nördlicher gelegene Seweromorsk sind wichtige Stützpunkte der russischen Nordflotte. Ein großer Werft- und Reparatur-Stützpunkt. Das musste ich mal in einem Erweiterungsseminar lernen", meinte er schmunzelnd.

Da nickte Sir Powell anerkennend: „Sehr gut, Brown, ich bin begeistert. Ich denke, ich habe das richtige Team ausgewählt, meine Herren. Hat jemand Lust auf einen Scotch oder Brandy?"

Da schluckten die zwei und verneinten lieber, viel zu früh, was aber Sir Powell nicht davon abhielt, sich vor dem Mittagessen erst mal einen guten Scotch zu genehmigen.

Dann referierte er weiter: „Der MI 6 bekam vor gut einem Monat von einem Informanten in Murmansk einen original Bau- und Schaltplan einer Laufkatze und einer Fernsteuerung zugeschickt, und als sie das ausgewertet haben. flog ihnen glatt das Blech weg, denn es war ein

Bau- und Schaltplan einer Firma, die in England, genauer gesagt Schottland beheimatet ist. Es handelt sich um einen Bauplan der Firma Naval Electronic Systems Rosyth. Da war natürlich die Frage, wie kommt dieser Plan, auf kopiergeschützem Papier mit Hologramm nach Murmansk. Das konnte der MI 6 einfach nicht lösen und hat uns daher das Ding zum Fraß vorgeworfen. Wir sind jetzt gefordert, denn der MI 6 meint, das ist jetzt was für den Inlandsgeheimdienst, also für uns. Das ist lupenreine Industriespionage und da kommen wir ins Spiel."

Dann nahm der Sir einen schluck Scotch und meinte: „Die Firma Naval Electronic Systems arbeitet eng mit der Firma Babcock International zusammen, die seit Übernahme der Navy Marinewerft 1994 die Reparaturen und Modernisierungen für die Royal Navy ausführt. Die sind auch Generalunternehmer beim Bau des neuen Flugzeugträgers der Navy, der Queen Elisabeth II. Da gehen viele Geheimnisse über den Tisch. Irgendwo gibt es ein Leck und das müssen wir stopfen denn in dem vorliegenden Fall geht es um eine Modernisierung, die das Neueste betrifft, das die Royal Navy besitzt, die Atom-U-Boote der Astute-Klasse, da kostet ein Boot 1,1 Milliarden Pfund, und jetzt wird schon nachgerüstet. Und diese Nachrüstung kennen die Russen, wie ja zu belegen ist, auch schon."

Da meinte Jones, nachfragen zu müssen: „Hat der MI 6 denn schon Informationen zusammengetragen und wenn ja welcher Art?"

Brown schob Jones seinen Teller rüber und meinte: „Wir reden jetzt von einem Leck, das Daten nach Russland verschafft, und wir müssen davon ausgehen, dass es Engländer sind, die darin involviert sind, sehe ich das richtig? Wenn ja, wie sind unsere Befugnisse, Sir Powell?"

„Ganz einfach", meinte Sir Powell. „Machen Sie, was nötig ist, Sie haben alle Rechte und alle Befugnisse. Ich will den Maulwurf, und wenn Sie dafür jeden Stein umdrehen und jede Tür knacken müssen, ich will ihn, den Maulwurf."

Nachdem sich Sir Powell so in Rage geredet hatte, griff er zur Gegensprechanlage und rief Mrs. Petiver: „Bitte bringen Sie mir zwei Alka Selza, ich spüre leichten Magendruck."

Sie kam wie der Blitz und brachte das Gewünschte und ein Glas Wasser, und als sie wieder weg war, sagte der Sir zu Brown und Jones: „Die Firma Naval Electronic Systems wurde bis vor gut drei Monaten von Hamish Campbelll geführt und geleitet, aber bitte ziehen Sie die Samthandschuhe an, das Familienoberhaupt ist vor 10 Tagen an Krebs verstorben. Benehmen Sie sich anständig. Die Firma hat der 43jährige Sohn Angus übernommen. Er ist verheiratet mit Merida Belfour und hat mit ihr drei Kinder, zwei Söhne, Finn, der kleinste, Sean und die älteste Tochter Kendra. Er ist bestrebt, das Lebenswerk seines Vaters weiterzuführen. Er hat ein paar sehr lukrative Aufträge von Babcock erhalten und ist, was Aufträge angeht, wohl die nächsten Jahre gut versorgt. Auch liefert er nautisches Equipment an die German Naval Yards in Kiel in Deutschland und an die Naval Group in Lorient und Nantes – Indret in Frankreich. Alles vom Handelsministerium abgesegnet und erlaubt. Der junge Mann hat in vielen Töpfen seine Finger, mich würde nicht wundern, wenn bald ein Bentley SUV vor seiner Tür stehen würde, der expandiert wie verrückt. Es gibt noch die Ehefrau von Hamish, Malise, und die zwei Töchter Ila und Davina. Ila arbeitet als Büroleiterin bei Malcolm McDonald von der Scottisch National

Party im Queensberry House, neben dem schottischen Parlament in Edinburgh. Ihre Schwester Davina arbeitet beim Radiosender Highland Voice, auch in Edinburgh. Also eine über alle Maßen heile Familie, jetzt ist nur die Frage, wo sickern die Informationen durch? Die Firma Naval Electronic Systems Rosyth hat einen hervorragenden Ruf, es gab noch nie Probleme und alle Mitarbeiter werden auch vom Geheimdienst regelmäßig überprüft. Es ist ein Problem, das der MI 6 nicht lösen konnte, jetzt sind wir dran." Da stoppte Sir Powell und fragte die beiden: „Haben Sie verstanden, worum es geht?"

Da Brown der ältere der beiden war, antwortete er: „Ja, Sir, wir haben verstanden, Durchleuchtung, bis wir den Maulwurf haben."

Dann gönnte sich Sir Powell noch einen Scotch und redete weiter: „Seien Sie sensibel und vorsichtig und ich bitte Sie, machen Sie keinen unnötigen Ärger. Die Firma arbeitet für die Navy und für unsere NATO-Partner, das hat Gewicht."

Dann rief Sir Powell an der Gegensprechanlage nach Mrs. Petiver. Als die dann erschien, gab er ihr die Anweisung, dass sie ihn in seinem Club um 12:00 Uhr zum Essen anmelden möge.

Als das geschehen war, schaute er Brown und Jones durchdringend an und sagte: „Enttäuschen Sie mich nicht, es hängt viel von Ihren Ergebnissen ab, es gibt Kräfte, die den MI 5 beschneiden, gar verkleinern möchten, dem müssen wir Ergebnisse präsentieren, das ist überlebenswichtig für unsere Organisation. Wir haben nicht wie der MI 6 die Lizenz zum Töten, aber doch die Lizenz, Waffen zu tragen, das erwarte ich von Ihnen. Bitte nehmen Sie die vor Ihnen liegenden Ordner an sich und studieren Sie diese. Bitte gehen Sie jetzt, Mrs Petiver hat alle weitere Instruktionen für Sie."

Dann stand er zum ersten Mal während des Gespräches auf und reichte beiden die Hand und wünschte ihnen viel Erfolg. Damit waren Brown und Jones entlassen.

Als die beiden bei Mrs. Petiver standen, meinte sie wie die rechte Hand des Chefs: „Ich habe Ihnen im Hill Park Hotel, 10 Heath Road in Rosyth, zwei angrenzende Doppelzimmer auf unbestimmte Zeit gemietet, am Airport im Car Rental Centre EH12 9FS Edinburgh stehen zwei Range Rover Sport TD V8 für Sie bereit. Sir Powell meinte, jeder sollte den gleichen Wagen haben, da fühlt sich keiner zurückgesetzt und da habe ich das Beste gebucht, was Europcar zu bieten hatte. Sie sollen unabhängig voneinander mobil sein. Die Flüge nach Edinburgh sind für 8:45 Uhr ab Gatwick gebucht, sodass Sie die Beerdigung von Hamish Campbell 13:00 Uhr in Rosyth miterleben können. Sir Powell besteht darauf, dass Sie bei der Beerdigung anwesend sind, bitte im Hintergrund bleiben, so können Sie sich schon mal ein Bild über die Verhältnisse machen. Bitte gehen Sie jetzt packen, ich soll Sie auf die Waffentragepflicht hinweisen. Sie sind im Außeneinsatz verpflichtet, Ihre Waffe zu tragen, und Sir Powell erwartet, dass Sie Ihre neuen Pistolen von Glock auch tragen und nun machen Sie sich auf die Reise nach Schottland. Hier gebe ich Ihnen noch für jeden eine Kreditkarte mit Pin im Umschlag mit, damit Sie alle nötigen Auslagen decken können." Dann zwinkerte sie. „Sir Powell ist es egal, wie viel Sie ausgeben, liefern Sie ihm den Maulwurf, da kann die Kreditkarte noch so belastet sein."

Als das alles gesagt und überreicht war, fühlten sich Brown und Jones schon sehr viel wohler, sie wussten, worum es geht und was zu tun ist. Sie lächelten sich zu und wussten, dass sie alles geben würden, um zu einem Ergebnis zu kommen. Sie nahmen alle Infos und Papiere an sich, dankten Mrs. Petiver und verabschiedeten sich.

Als die beiden nun wieder im Flur waren und sich auf den Weg in ihr Büro machten meinte Jones ganz zynisch: „Das kann ja heiter werden, das hörte sich für mich so an wie schafft uns den Maulwurf her oder ihr braucht gar nicht mehr wiederzukommen."

„Ja", erwiderte Brown. „Sir Powell hat uns ausgeweidet und zum Trocknen aufgehängt und dann tut er noch so freundlich, dass ja alles kein Problem sei, wir packen das schon. Nur wenn nicht, dann weht uns ein verdammt kalter Wind ins Gesicht."

Mittlerweile waren sie wieder in ihrem Büro angekommen und die beiden gingen zu ihren Schreibtischen und holten ihre neuen Dienstpistolen heraus, eine Glock 17 Gen 4 mit doppelreihigem Magazin und 18 Patronen 9mm Para, etwas groß, aber sie soll wohl die beste 9mm Parabellum Pistole der Welt sein, darum nutzte jetzt auch der Geheimdienst ihrer Majestät die Waffe. Das ging nur mit Holster, der unter den Achseln getragen wird, aber daran gewöhnt man sich. Sie griffen sich auch noch die Holster und eine Packung Munition. „Sicher ist sicher", meine Brown.

Dann griffen sie sich ihre Mäntel und schlossen das Büro hinter ihnen. Sie verließen das Thames House über den Eingang Millbank und als sie nun an der Straße standen, meinten sie, warum noch Stress? „Jetzt nehmen wir ein Taxi und lassen die Kreditkarte glühen", meinte Jones grinsend.

Sie verabredeten sich morgen Früh um 8 Uhr auf dem Gatwick Airport, um von da nach Edinburgh zu starten.

Zuerst hatte Jones Einwände, dass das doch bei Startzeit 8:45 Uhr recht knapp sei. Da raunzte ihn Brown an: „Wir müssen nicht durch die Sicherheitskontrollen, wir zeigen unsere Ausweise vor und marschieren überall durch, das solltest du nun aber auch langsam mal verstanden haben, gewöhne dich langsam daran. Unser Ausweis öffnet uns alle Türen und wir dürfen sogar im Flugzeug Waffe tragen, das dürfen sonst eigentlich nur die Air Marschalls, aber uns ist das zum Glück auch so erlaubt."

Dann trennten sich die beiden, enterten zwei Taxis und fuhren in verschiedenen Richtungen davon.

Kapitel 2

Die Beerdigung des Chefs

Es war ein wirklich stürmischer Tag, an dem die beiden Agenten Brown und Jones auf dem Hillend Cementery Friedhof in Rosyth Hillend an der Clockluine Road ankamen. Sie stellten ihre beiden schwarzen Geländewagen auf einem Parkplatz ab und machten sich auf dem schnellsten Weg zur Beerdigung des Hamish Campbell, die sie auf keinen Fall versäumen sollten.

Nach zehn Minuten umherirren auf dem Friedhof hatten sie die Trauergemeinde gefunden, stellten sich etwas abseits hin und ließen alles erst einmal wirken.

Vom Firth of Forth wehte eine steife Briese über‘s Land und dunkle Wolken flogen förmlich über das Firmament. Die Trauergemeinde fröstelte vom kalten Wind und auch wegen des ach so traurigem Anlasses. Father Mackenzie sprach salbungsvolle Worte über den viel zu früh von ihnen gegangenen Hamish, einem Mann, den jeder gerne als Freund hatte und der, auch wenn es hektisch wurde, immer ruhig blieb. Er war ein guter Ehemann und fürsorglicher Vater, der seiner Frau und seinen Kindern alles in seiner Macht stehende ermöglichte, denn Hamish, aus adligen Verhältnissen entsprungen, wollte, dass es seine Kinder einmal sehr gut haben und sie das Brot des Lebens dick mit Butter und Schinken belegen mögen, was ihm in seiner Jugend nur selten vergönnt war.

Er steckte bis zu seinem bedauerlichen Ende viel Energie in die Vergrößerung seiner Firma und den daraus resultierenden Neubau, der als Schmuckstück von Industriebauten in Rosyth gilt. Er war ein guter, aber auch strenger Chef und wusste mehr als einmal seine Mitarbeiter und auch seine Kunden von seinen Ideen zu überzeugen.

In diesem Moment zog Brown seinen Partner etwas vom Ort des Geschehens weg und begann dann zu reden: „Das hier ist eine typisch schottische Beerdigung. Wie du am Grab siehst, ist alles nach Clan-Familien aufgestellt. Am Kopfende des Grabes steht der Father und links von ihm der Clan oder die Familie Campbell. Das erschließt sich mir daraus, dass dort die trauernde Witwe, der sie stützende Sohn und die Töchter stehen. Ihnen gegenüber steht ein anderer Clan, die werden wir wohl auch noch kennenlernen. Unten am Fuße des Grabes stehen wohl die Mitarbeiter und Freunde des Verstorbenen. Alles sehr ergreifend und sehr schottisch.“

Der Father hatte seine kleine Grabrede beendet und dann trat auch der Sohn ans Grab und wollte noch ein paar Worte sagen. Er meinte, dass sein Vater ihn so manches Mal zur Weißglut getrieben habe, aber es am Ende immer gut ausgegangen sei und sein Vater meistens Recht hatte. Er war hart, aber auch gerecht und das hat ihn und auch seine Schwestern tief geprägt und ihnen wurden Dinge ermöglicht, die sich viele in Schottland nur erträumen würden. Er danke seinem Vater aus ganzem Herzen und meinte, dass ihm sein Lieblings-Single-Malt, da, wo er jetzt sei, nie ausgehen möge. Dann nahm er sich die kleine Schaufel, die in einem Erdhaufen neben dem Grab steckte, und warf eine Schaufel Sand in das Grab. Dann reichte er die Schaufel an seine Mutter weiter, die weinend Erde auf den Sarg ihres Mannes warf.

Als nächstes waren Ila und Davina dran. Es war ein ergreifendes Schauspiel.

Nach und nach kondolierten alle am Grab stehenden daran vorbei und erwiesen dem Toten die letzte Ehre.

Um einen besseren Überblick zu bekommen springen wir einfach mal in die Trauergemeine, um zu spüren was in ihnen vorgeht.

Angus, 42, und Nachfolger von Hamish, stützte etwas abseits des Grabes seine Mutter und sie drückte fest seine Hand und flüsterte ihm zu: „Du hast gut und wahr gesprochen, mein Sohn, dein Vater wäre stolz auf dich."

Dann gesellten sich Ila, Anfang 40, und Davina, die jüngste der Campbells mit ihren mitte 30 zu ihnen und sie warteten als Familienverband auf die Trauergemeinde.

Angus bewegte sich auf Archie zu, den Freund von Ila, und sprach ihn an: „Archie, ich gebe dir jetzt ein paar Karten von einem Pub hier in Rosyth, verteile sie bitte an alle, die hier so rumlaufen, ich sage gleich noch was dazu."

Dann drückte er Archie die Karten in die Hand.

Archie Harrison, ein hagerer Schlacks, war mittlerweile 54 Jahre alt und seit 14 Jahren der Freund von Ila Campbell. Sie lebten in wilder Ehe zusammen, jeder mit eigener Wohnung und er hatte wegen Ila einen Job in den Midlands aufgegeben, um zu ihr nach Schottland zu ziehen. Er war das schwarze Schaf im Campbell-Clan, denn er arbeitete im Tesco-Supermarkt in der Queensferry Road in Rosyth, ein schnöder Arbeiter, der nur die Comprehensive School / Gesamtschule, besucht hatte. Das ist nicht wirklich repräsentativ für jemanden aus der Campbell Dynasty.

Er ergriff also die Karten und wartete auf die Ansprache von Angus, denn erst wenn er wisse, was kommt, könne er auch reagieren.

Als sich nun die Trauergemeinde neben dem Grab versammelt hatte, trat Angus nochmal vor und sprach die Trauergemeinde an: „Danke an alle, die Hamish, unserem geliebten Vater und Ehemann und Freund, das letzte Geleit gegeben haben, er wird es von seiner erhöhten Position sicher zur Kenntnis genommen haben." Und er zeigte nach oben in den Himmel. „Ich möchte alle zu einem kleinen Leichenschmaus in Daddys Lieblingspub, dem Cottars in der Primerose Avenue, einladen, ihr könnt gerne mit euren Autos hinfahren, aber später werdet ihr dann bitte das Taxi-Unternehmen anrufen das auf der Karte, die gleich unser Archie verteilen wird, vermerkt ist. Alles ist für euch kostenlos, bitte erscheint zahlreich und wir danken, dass ihr hier wart."

Dann machte er eine aufmunternde Handbewegung zu Archie und der dackelte pflichtbewusst mit den Karten los, um jedem, der wollte, eine Karte mit der Adresse des Pubs und der Telefonnummer des Taxiunternehmens zu übergeben.

Dann löste sich die Trauergemeinde langsam auf, um zum Parkplatz zu laufen und sich entweder auf den Heimweg oder auf den Weg in den Pub in der Primrose Avenue zu machen. Die Campbells verteilten sich am Ende auf vier Autos, um sich geschlossen auf den Weg zu machen.

Die Trauergemeine folgte in gebührendem Abstand, denn es war ja einfacher, hinterher zu fahren, als sich den Weg suchen zu müssen. Ganz zum Schluss folgten zwei Range Rover die nur wenig bis gar nichts mit der Trauengemeinde zu tun hatten. Nach gut einer Viertelstunde bogen die Autos auf den Parkplatz des Pubs ein, einem weiß gestrichenen flachen Bau mit einigen langen Gängen und einer langen Theke und gemütlichen keinen Separees, in denen man sitzen und essen konnte. Es konnte auch Darts, Billard und Snooker gespielt werden. Selbst ein paar Glücksspielautomaten waren da, um die Kunden in angeheiterter

Stimmung gerne um ihre Pfund zu bringen.

Hamish hatte den Pub geliebt, da er dort seinen Lieblingswhisky, einen Glen Morey Classic, bekam und dazu was Deftiges zu essen. Auch fand er immer einen Parkplatz, was bei den meisten Pubs in Rosyth nicht immer der Fall war. Der Parkplatz hat den Style eines Supermarktparkplatzes, machte sich aber bezahlt, denn er war immer gut gefüllt.

Es gab Fish and Chips, Haggis und auch Pasta und Steak, Burger und Chilli con Carne und alles, was das Herz eines Pubbesuchers erfreut.

Als nun langsam die gesamte Trauergemeinde eintrudelte, dirigierte Angus die Campbells in ein Separee, die Drummonds, die Nachbarn von Hamish, und Malise Campbell in ein anderes Separee und alle anderen konnten sich platzieren, wo sie wollten. Als sich dann nun langsam alle gesetzt hatten und Ruhe einkehrte, wurden die ersten Bestellungen aufgenommen.

Angus machte nochmal klar, dass alles auf seine Rechnung geht und jeder essen und trinken darf, was er möchte, Hamish bezahlt das, meinte er augenzwinkernd. Das erfreute natürlich die Anwesenden und es war erst einmal Tumult und Stress für die Kellner angesagt. Überall wurde gewunken und gerufen, denn jeder wollte seinen ersten Drink bestellen.

Währenddessen beugte sich Angus zu Ila und meinte zu ihr: „Pass auf Archie auf, der hat die Angewohnheit, mit dem Whisky zu übertreiben, wenn er umsonst ist, er soll sich zurückhalten."

Da fuhr Ila ihn an: „Jetzt hör mal auf Angus, erst spannst du Archie als Lakei zu deinen Diensten für jeden Scheiß ein und dann soll er sich, wenn es mal was nach seiner Nase gibt, zurückhalten, während andere sich hier die Birne zuschütten. Du bist unmöglich. Wenn er das will und braucht, gönn ihm den Spaß, denn sein Leben ist alles andere als ein Spaß, sei nicht so herzlos."

Da hielt es Angus für besser, einen Gang zurückzuschalten und klein beizugeben: „Ok, lass ihn machen, was er will. Alles andere macht mehr Stress, als wir heute gebrauchen können."

Dann ließ er seine Schwester stehen und kümmerte sich um seine Kids, die mit Fish and Chips rumspielten, denn als essen war das, was sie damit anstellten, nicht zu bezeichnen. Er fragte sich, wo Merida, seine Frau, wie er Anfang 40, wohl wieder steckte, denn ihre Kids, das Mädchen, neun, die Jungs fünf und drei Jahre alt, waren wohl schon gelangweilt, denn wirklich übersehen konnten sie das alles nicht, was gerade ablief.

Unterdessen wollten zwei Herren den Pub betreten, was ihnen aber von dem Mann hinter der Bar verwehrt wurde, er meinte nur „Sorry Sirs, geschlossene Gesellschaft" und er komplimentierte die Agenten Brown und Jones aus dem Pub. Nicht ohne, dass sich Brown erst mal umgesehen hätte, um später Rückschlüsse daraus ziehen zu können.

Die Drummonds, Nachbarn der Campbells, waren fast komplett angetreten und Malise, die Witwe von Hamish, setzte sich einen Moment an ihren Tisch und danken ihnen dafür, dass sie Hamish die letzte Ehre erwiesen.

Da meinte Brandon Drummond: „Da müsste schon die Hölle einfrieren, dass wir Hamish nicht die letzte Ehre erweisen würden. Er war immer gut zu mir und meiner Familie, das rechne ich ihm hoch an. Da war es mir selbstverständlich, dass alle, die es einrichten konnten, auch erscheinen."

Das trieb Malise Campbell, Anfang 70 und von Emotionen übermannt, gleich wieder die Tränen in die Augen. Der Clan der Drummonds waren die Nachbarn der Campbells im Park Road Way in Rosyth. Sie bewohnten ein Doppelhaus gegenüber Alderlea House, dem Familienwohnsitz von Hamish und Malise im Park Road Way. Das eine Doppelhaus bewohnten Brandon und Catroina, beide Mitte 50, und Donald, ein Teenager mit jungen 17, ein Nachzügler, und das andere Doppelhaus bewohnten Duncan und David, Ende 20 und Anfang 30, die viel Stress mit ihrem jungen Bruder hatten. Brandon, das Familienoberhaupt, hatte in weiser Voraussicht, als die zweite Doppelhaushälfte zum Verkauf stand, gleich zugegriffen um am Ende die älteren Söhne loszuwerden, sie aber dann doch in der Nähe zu behalten. Die Campbells und Drummonds wohnten sich Gegeüber und verbrachten sehr viel Zeit miteinander. Der Clan der Drummonds bestand aus dem Vater Brandon, der Mutter Catroina und den drei Söhnen David, Duncan und Donald.

Die Freundinnen von David und Duncan ließen sich endschuldigen, das war ihnen wohl zu viel Nähe zu den Campbells.

Vater Brandon arbeitete bei Babcock International als Repair Manager Submarine in Rosyth. Seine Frau Catroina arbeitete im Buiness Center von Rosyth als Vermittlerin von Büro und Gewerberäumen in Rosyth.

David, der Älteste, arbeitete als IT-Entwickler bei Digital Fiction im Arrol House im Rosythe Europarc.

Duncan, der zweite Sohn der Drummonds, hatte sich seinen Traum erfüllt und arbeitete bei der Royal Air Force als Flugzeugtechniker an dem Typhoon bei der RAF in Lossiemouth.

Und der kleinste der Drummonds, Donald, ging auf die Public School Merchiston Castle in Colinton bei Edinburgh, was sich Brandon und Catroina eine Stange Geld kosten ließen. Aber sie wollten auch ihrem Jüngsten einen guten Start ins Leben mit auf den Weg geben und in Schottland war gute Bildung das wichtigste, sonst arbeitest du bald an der Kasse im Supermarkt, ein Lieblingsspruch von Brandon, wenn Donald mal wieder zu faul war, seine schulischen Aufgaben wahrzunehmen.

Es war auch für die Drummonds wirklich ein großer Schock, dass Hamish plötzlich nicht mehr da war. Da war es für die Familie Drummond selbstverständlich, näher an die Campbells heranzurücken, um ihnen den Rücken zu stärken. Die Drummonds und die Campbells hatten schon seit Jahrzehnten eine freundschaftliche und sehr enge Beziehung, die sich auch durch das Ableben von Hamish nicht ändern würde.

So füllte sich der Pub und es wurde gegessen und noch mehr getrunken, denn, wie es so schön heißt, das Fell versaufen können auch die Schotten ganz gut.

Merida ging mit ihren Kids auf den kleinen Spielplatz hinter dem Pub, um sie etwas zu beschäftigen, und Angus setzte sich zu ein paar Mitarbeitern aus seiner Firma und sie tauschten bei Gin und Whisky Erinnerungen an den alten Herrn aus.

Ila saß mit Archie in einer Ecke und sie hatten sich Haggis bestellt, um sich was Gutes und Herzhaftes als Unterlage für das, was noch kommen könnte, zu gönnen. Als Archie zum Haggis einen Whisky, natürlich als Scotch, bestellte flüsterte ihm Ila zu: „Bitte betrink dich nicht und lass dich nicht abfüllen. Angus hat schon angemerkt, dass du dich nicht abschießen sollst, er hat ja immer noch das

Bild vom letzten Scotch-Tasting in der Glen Morey Destillerie in Elgin vor Augen, wo du so abgefüllt warst, dass du in hohem Bogen übers Parket gekotzt hast."

Da verdrehte Archie die Augen und erwiderte eher laut als leise: „Na toll, mich erst mit kurzen Schnäpsen anschießen und dann mit Scotch abfüllen, bis ich speie und das dann zur Normalität meinerseits zu erklären, finde ich nicht wirklich fair, und wenn ich ehrlich bin, kann man den Job bei Tesco eigentlich nur betrunken ertragen, aber ich denke, ich kann gar nicht soviel trinken, um es erträglicher zu machen." Und er grinste, hob das Glas und schüttete den Whisky runter.

Da bekam Ila schon Befürchtungen, dass sich Archie die Kante geben und sich mal wieder auf Lau abschießen würde. Das gefiel ihr gar nicht, das gab nur wieder Gerede und war nicht gut in ihrer Familie.

So verspeisten sie das wirklich vorzügliche Haggis und Archie bestellte sich, nachdem der Whisky verdunstet war, einen Cider, denn er wollte sich ja nun wirklich nicht zum Thema machen, denn er hasste es, wenn man von oben auf ihn herabschaute, denn er meinte, dass er das wirklich nicht verdient hatte.

So dachte er, nachdem das Essen verspeist war und Ila mal für kleine Mädchen ging, dass er einfach mal ein paar Pfeile auf die Dartscheibe werfen könne. Da könne er kontrollieren, wie hoch der Alkoholpegel schon war. Als er recht zielsicher die Scheibe traf, war er zufrieden und meinte, alles im Grünen, nur nicht auffallen, und nahm noch einen Schluck Cider.

So wurde es langsam immer lauter und die Trauergesellschaft konzentrierte sich inzwischen an der langen Bar und es wurde viel gesprochen und noch mehr getrunken.

Zu den Drinks gönnten sich einige kleine Tüten Chips oder Erdnüsse in der Schale, Hauptsache salzig, das erhöhte den Getränkeumsatz nicht unerheblich.

Die Zeit rückte immer weiter voran und die Mercedes Vitos von Baxtercabs hatten ab 21 Uhr viel zu tun, die angeheiterten Trauergäste überall in Rosyth nach Hause zu schaffen. Baxtercabs fuhr schwarze Cabs, das passte ja zum Anlass.

Gegen 23 Uhr wurden dann die letzten Gäste ausgekehrt und in die bereitstehenden Taxis verbracht. Der Pub schloss und der Taxiunternehmer freute sich über einen lukrativen Tag.

Der Leichenschmaus war aus und wir springen mal wieder zu Brown und Jones, nachdem sie das Cottars wieder verlassen hatten.

Draußen neben dem Auto meinte Brown: „Ja, die lassen den Senior ja wirklich hochleben. Nur wir haben da überhaupt keinen Zugriff auf die Familie Campbell, lass uns ins Hotel fahren und uns häuslich einrichten."

„Gute Idee", meinte Jones, „lass uns einchecken und was essen, ich habe Hunger."

Dann enterten sie ihre Wagen und fuhren ins Hill Park Hotel in der 10 Heath Road. Auf den ersten Blick ein lieblos hingeklotztes Hotel mit zwei Etagen und Satteldach mit offenem und weitem Parkplatz. Ein Hotel, eher für Handlungsreisende und Handwerker gedacht. Als die beiden so auf dem Parkplatz standen, meinte Brown: „Na toll, dass Vater Staat sparen muss, ist ja ok, aber die Bleibe ist nun wirklich krass. Da hat Mrs. Petiver ja wirklich nach der Hundehütte gegriffen als nach etwas Luxus."

Da lachte Jones. „Nee, die rechnen damit, dass wir sehr lange ermitteln, da müssen sie an den Hotelkosten sparen.

Aber jetzt egal, lass uns einchecken."

Also machten sich die zwei mit ihren Rollkoffern auf den Weg zur Rezeption, hinter der eine Frau gelangweilt auf ihrem Handy spielte. Als sie ihren Blick nicht von dem Handy wenden konnte, schlug Jones eine kleine Klingel an und sie schaute erschrocken auf. Brown, der leicht genervt war, fuhr die Kleine an: „Brown und Jones, je ein Doppelzimmer, aber hurtig, seit Tagen reserviert."

Da war die Kleine eingeschüchtert, schaute in den PC und meinte „19 und 20" und sie reichte den beiden die Türkarte. Dann meinte sie: „Die Ausweise bitte, ich muss Sie eintragen."

Da hob Jones die rechte Augenbraue, knirschte mit den Zähnen, Jones knirschte immer mit den Zähnen, wenn er wütend war, und griff dann in die Innentasche seines Mantels und holte einen Ausweis hervor, klappte ihn auf, hielt ihn der Frau unter die Nase und zischte ihr zu: „MI 5, Geheimdienst ihrer Majestät. Ist Ihnen der Ausweis recht? Wenn Sie den kopieren wollen, muss ich Sie leider erschießen." Er lächelte.

Da schluckte die Rezeptionistin und erwiderte: „Alles ok, ich wünsche Ihnen einen schönen Aufenthalt."

Wo die Kleine so angeschossen war, legte Brown eiskalt nach: „Sagen Sie der Küche bescheid, dass wir in einer Stunde essen möchten, nicht früher, nicht später. Ich möchte Cider Pork und ein kühles Ale 0,5 l, zum Nachtisch eine Apple-Walnut-Pie und zum Schluss einen Kaffee Americano. Und was willst du, Jones?"

Der Überlegte kurz: „Ich hätte gern gebackenes Seelachsfilet mit Erbspüree und Wedges mit Remoulade und einem dunklen Lager und zum Nachtisch Lemon-Squares mit einem Espresso."

Da fielen der Kleinen die Augen aus dem Kopf und sie stotterte: „Es kann sein, dass unsere Küche das nicht hat, sorry."

Da herrschte Brown sie an: „klein Problem, Mrs. Dann besorgen Sie alles und machen Sie es uns fertig, das ist unsere Bestellung. Wir sind in einer Stunde wieder da. Denken Sie immer dran, wir sind im Dienst ihrer Majestät unterwegs."

Dann wandten sich die beiden ab und folgten einem Gang zu den Zimmern 19 und 20.

Auf dem Weg meinte Jones lachend: „Wir sind aber auch echt Arschlöcher, die Kleine haben wir ja echt auseinandergenommen. Manchmal sind wir echt schlimm. Haben wir es übertrieben, Brown?"

Der brummte in sich hinein und meinte: „Sorry, aber manchmal muss ich das Arschloch echt raushängen lassen, ich kann nichts dafür, bin Staatsdiener, trage Waffe und bin pensionsberechtigt, da lasse ich manche gern mal auflaufen."

Dann kamen sie an ihren Zimmern an und betraten diese. Die Zimmer waren in Brauntönen gehalten und als Zentrum standen in jedem Zimmer ein Doppel-Springbett, es gab kleine Tische, Ablagen, einen Fernseher und eine Minibar, nur die war wirklich sehr spärlich ausgestattet, da nahm sich Brown vor, da nochmal auf eine Auffüllung zu bestehen.

Keines ihrer Zimmer hatte eine Badewanne, sie mussten sich mit einer Dusche begnügen.

So richteten sie sich häuslich ein, hatten genug Zeit zu duschen und gingen dann pünktlich nach einer Stunden wieder Richtung Rezeption. Dort angekommen lugte Brown über den Tresen und als die Kleine nicht da war, klopfte er wieder auf die Klingel und wenig später wieselte die Kleine wieder an.

Brown hatte heute seinen schlechten Tag, da musste er nochmal einen rauslassen: „Steht das Menü?“

„Yes, Sir, alles wie gewünscht, alles vorbereitet, Tisch 12, am Fenster, ist für Sie reserviert.“

„Sehr gut, Mrs. Wir sind erfreut“, erwiderte Brown. „Ach ja, unsere Handtücher sind schon benutzt und nass, bitte ändern Sie das. Wenn wir später auf‘s Zimmer kommen, sollten die Handtücher wieder frisch sein.“ Er zwinkerte der Kleinen zu und lächelte.

„Ach, ehe ich es vergesse, bitte sorgen Sie umgehend dafür, dass in meiner Minibar in Zukunft immer ein halbes Dutzend Mars- und Snickers-Schokoriegel liegen. Ich brauche Schokolade zum Denken, also denken Sie daran und füllen Sie auf“, meinte Brown sehr oberlehrerhaft.

So machten sich Brown und Jones auf den Weg in den Speisesaal und bewegten sich direkt auf den Tisch 12 zu, auf dem das Reserviert-Schild stand.

Sie setzten sich auf die Stühle und warteten auf das, was passierte. Sie saßen kaum als ein Ober angewieselt kam und ihnen einen schönen Abend wünschte. „Wem der Herren darf ich das Cider Pork und wem das gebackene Seelachsfilet bringen?“

Da meinte Brown entspannt: „Bringen Sie mir einen Cider Pork und meinem Gegenüber das gebackene Seelachsfilet und alles andere im Anschluss.“

„Danke Sir“, meinte der Ober und verschwand.

Zuerst brachte er die Getränke und keine fünf Minuten später stand das Essen auf dem Tisch. Es sah schon mal sensationell aus und der Geschmack war wirklich frisch und köstlich. Das ließen sich die beiden Kotzbrocken entspannt schmecken.

Als das erste Mahl verspeist war, eilte der Ober herbei, räumte ab und sah zu, die Nachspeise auf den Tisch zu bringen. Als auch dieses zur Zufriedenheit der beiden Agenten erledigt war, verspachtelten sie auch das.

Zum Schluss der Kaffee und der Espresso und dann waren Brown und Jones zufrieden, winkten den Ober herbei und Brown ließ sich den Beleg zum Unterschreiben geben.

Als der Ober wegwieseln wollte, rief Brown: „Stopp, Sir, kommen Sie nochmal zurück."

Das tat der Ober leicht erschrocken und stellte sich folgsam wieder neben den Tisch von Jones und Brown.

Brown schaute den Herrn an und meinte trocken: „Jeden Abend, an dem wir hier dinieren, werden wir Ihrer Küche eine Stunde vor unserem Dinner die Menüwünsche zukommen lassen, von denen wir erwarten, dass diese erfüllt werden. Haben sie das verstanden."

Der Ober schluckte und fragte: „Ist das Ihr Ernst, Sir?"

Jones hob die rechte Augenbraue und antwortete: „Sprechen wir Suaheli? Wenn Mr. Brown sagt, er will es so, dann ist es so, haben Sie das verstanden?"

„Ja, Sir. Wie Sie wünschen, Sir. Das Hill Park Hotel wird alles tun, um Sie zufrieden zu stellen, reicht Ihnen das als Antwort?", stotterte der Ober.

„Perfekt, arbeiten Sie an sich und das Sie uns zufriedenstellen mögen", meinte Jones. „Wir gehen jetzt in die Bar und wir wünschen noch einen schönen Abend."

Dann standen Brown und Jones auf und enterten die Bar.

Die Barkeeperin, einen dunkelhäutige Inderin, hatte wohl schon von den schwierigen Gästen gehört und überschlug sich fast vor Freundlichkeit. Aber Freundlichkeit interessierte die beiden eher nicht, sie wollten was Hochprozentiges in flüssiger Form.

Jones trank Gin Tonic und Brown schluckte Whisky Sour in sich hinein. Nach je drei Drinks und zwei Schalen Erdnüssen hatten die zwei genug. Diesmal unterschrieb Jones und sie verließen die Bar.

In den Zimmern angekommen schaute sich Brown im Bad um und musste feststellen das die Handtücher erneuert und frisch waren. Auch die Minibar hatte seine Schokoration vorrätig. „Gut erzogen“, grinste Brown und machte sich bettfertig für die Nacht und den nächsten Tag.

Kapitel 3

Brown und Jones haben ein paar Fragen

Die Nacht war recht kurz und am nächsten Morgen, nach einer ausgiebigen Dusche, saßen Brown und Jones über ihrem Frühstück, dass aus Bacon, Rührei, Würstchen und Haggis bestand, als Beilage gab es das allseits gefürchtete Weißbrot, getoastet, und dazu eine Menge Kaffee.

Nach dem üppigen Frühstück fragte Brown: „Wie sollen wir es angehen? Was denkst du, Jones?"

Der grübelte und meinte direkt: „Ab in die Höhle des Löwen. Ich denke, trotz der Beerdigung des Vaters wird der Sohn heute sicher wieder in seiner Firma sein. Da, denke ich, setzen wir die Brechstange an und fühlen dem Juniorchef mal auf den Zahn."

„Gute Idee", grinste Brown. „So machen wir das. Ich denke, wir werden der Firma so gegen 10 Uhr einen Besuch abstatten, da sollte die Frühstückspause vorbei sein und wir haben die Belegschaft an ihrem Arbeitsplatz."

Also erhoben sich die beiden und begaben sich in ihre Zimmer. Sie legten Holster an und steckten Ihre Glocks hinein, das könnte ja von nutzen sein.

Gegen 9.30 Uhr trafen sich die zwei unten im Foyer und dann strebten sie zu Browns Range Rover und dann ging es gesättigt und tatendurstig Richtung Park Road Way, wo der Neubau von Naval Electronic Systems Rosyth liegt.

Nach einer Viertelstunde Fahrt lenkte Brown den schweren Geländewagen auf einen Besucherparkplatz vor dem Eingang. Sie stiegen aus und ließen ihren Blick erst mal über die Umgebung wandern. Es war ein langgestreckter Bau mit einem repräsentativen Eingangsbereich, der sich mit einem Satteldach wohltuend von der Flachdacharchitektur der Arbeitshalle abhob. Und rechts von ihnen am anderen Ende war wohl der Mitarbeiterparkplatz, auf dem einige Fahrzeuge in der Sonne standen.

Brown machte eine Handbewegung und dann bewegten sich beide Richtung Eingangsbereich. Der war, wie zu erwarten war, verschlossen, also drückte Brown auf die Klingel der Gegensprechanlage und wartete, was passieren würde.

Nach einer gefühlten Ewigkeit meldete sich eine Frauenstimme, die den beiden sagte, dass die Firma wegen eines Trauerfalles geschlossen sei und sie ihnen einen schönen Tag wünschte.

Da begann Brown seine Gesichtsfarbe zu wechseln und er drückte wieder auf die Klinge und bellte in die Gegensprechanlage: „Entweder öffnen Sie umgehend diese Tür oder ich lasse die Tür von der Polizei öffnen, was ist Ihnen lieber?"

Brown war angefressen, der braucht ein Ventil und Jones kannte das Verhalten, Brown fühlt sich verschaukelt und dieses Gefühl mochte er gar nicht.

Als keine Reaktion erfolgte, drückte Jones auf die Gegensprechanlage und sprach in die selbige: „Sie haben jetzt noch zwei Minuten, dann raucht es hier gleich aber üppig. Überlegen Sie es sich, öffnen Sie, denn wenn Sie nicht öffnen, wird es wirklich schlimm."

Da summte es plötzlich und Brown konnte die Tür öffnen.

Er betrat den Empfangsbereich und verschaffte sich einen Überblick. Rechts ein Tresen mit einer Frau mittleren Alters, links daneben eine Sofa Sitzgruppe mit Tisch und ein paar Flure, die von diesem Bereich abgingen.

Brown gedachte sich jetzt mal die Dame hinter dem Tresen

zur Brust zu nehmen. Er baute sich vor dem Tresen auf, schaute der Dame tief in ihre grünen Augen und meinte finster: „Wenn Ihnen jemand mit der Polizei droht, sollten Sie zumindest kooperativer sein, denn ich mag es gar nicht verschaukelt zu werden.. Ich bin Brown, das ist Jones und wir sind im Auftrag der Regierung hier. Was wir genau sind, geht sie mit Verlaub gesagt nichts an." Dann holte er Luft und meinte zu Jones: „Willst du noch was anmerken?"

„Aber klar doch", grinste der. „Melden Sie uns nur sofort und pronto bei Ihrem Chef an oder wir machen hier die Tür zu und versiegeln sie, haben Sie das verstanden?"

Da wurde die Frau hysterisch und rief: „Was fällt Ihnen ein, was bilden Sie sich ein, wo sind wir denn hier? Ich werde die Polizei rufen." Und sie wollte zum Telefon greifen.

„Lassen Sie mal, das übernehme ich." Und Brown nahm das Telefon und wählte eine Nummer. Als sich am anderen Ende jemand meldete, gab er an, Detective Chief Inspector Crawford sprechen zu wollen. Er wolle eine Firma schließen lassen. Er wurde wohl nach Befugnissen gefragt und Brown gab zurück: „Über die Befugnisse können wir uns dann vor Ort unterhalten, aber ich erwarte Amtshilfe auch von der Metropolitan Police."

Da sprang die Frau auf und rief: „Ok, ich werde Sie gleich zu Mr. Campbell bringen, aber wozu denn die Polizei?"

Sie entschuldigte sich für einen Moment und lief in den mittleren Flur.

Brown war zufrieden und er beendete das Telefongespräch, aber ließ ausrichten, dass er heute gegen 15 Uhr in der Polizeistation erscheinen möchte und um eine Unterhaltung mit DCI Crawford ersuche. Man möge diesem ausrichten, dass die Agenten Brown und Jones in der Stadt sind.

Er hatte sein Handy noch nicht in seiner Tasche verschwinden lassen, als die Frau wieder erschien und Brown und Jones bat, ihr zu folgen. Das taten sie gerne, Sie liefen an ein paar Türen vorbei und als sie an der Ecktür angekommen waren, bat die Dame die Herren einzutreten.

Die Herren betraten ein großes und lichtdurchflutetes Büro mit Sitzecke, Bar und einem mindestens zweieinhalb Meter großen Schreibtisch, hinter dem in einem Ledersessel der Mann von der Beerdigung von gestern saß.

Er schaute etwas verwundert aus der Wäsche, auf seinem Gesicht war das pure Unverständnis abzulesen. Er erhob sich, kam um seinen Schreibtisch herum und fragte etwas ratlos: „Was kann ich für Sie tun? Mit wem habe ich es zu tun?"

Da Jones Angus am nächsten stand, antwortete er: „Ich bin Jones, das ist Brown und wir erwarten, Sie unter sechs Augen zu sprechen, hier oder auf der Polizeistation."

Da fühlte sich Angus befleißigt, seine Vorzimmerdame aus dem Raum zu schieben, und er bat die Herren sich auf zwei Sessel vor seinem Schreibtisch zu platzieren.

Als nun alle saßen, fragte Angus erschrocken: „Wer sind Sie, was wollen Sie und vor allem was wollen Sie von mir? Ich bin ein seriöser Geschäftsmann, ich bin mir keiner Schuld bewusst."

Da lachte Brown auf und meinte grinsend: „Ich bin mir keiner Schuld bewusst. Wenn ich für jedes Mal, wo ich das gehört habe, ein Pfund bekommen hätte, wäre ich wohlhabend und könnte mir im wirklichen Leben den Wagen auch leisten, einen Range Rover, den mir mein Arbeitgeber zur Verfügung stellt."

„Sind Sie vom Finanzamt?“, fragte Anus.

„Schlimmer“ antwortete Jones. „MI 5. Wir haben ein Problem mit Ihnen und das müssen wir aufklären.“

Das verstand Angus nicht, was bedeutete MI 5 und was gab es für ein Problem? Er war ratlos, darum fragte er: „MI 5, was ist das, das sagt mir nichts. Würden Sie mich bitte erst aufklären, bevor wir hier in medias res gehen?“

Brown griff in die Innentasche seines Jackets, holte den Ausweis heraus, reichte ihn Angus herüber und erklärte dabei: „MI 5 ist der Inlandsgeheimdienst ihrer Majestät und wir sind zwar nicht 007, aber Waffe tragen wir auch.“ Und er schob sein Jackett bei Seite und gab den Blick auf seine große Glock frei. „Und nun möchte ich Sie bitten, mir meinen Ausweis wiederzugeben, denn der ist wertvoll.“

Da war Angus perplex und fragte: „Was hab ich mit dem Geheimdienst zu schaffen, Sie verwirren mich.“

Da schauten sich die Agenten Jones und Brown an und dann zwinkerte Jones und Brown drehte sich zu Angus und meinte: „Bitte lassen Sie uns von Ihrer Vorzimmerdame eine Kanne Tee vorbeibringen, wenn möglich ein paar Sandwiches, und dann werden wir uns in Ihre Sitzecke setzen und reden.“

Angus war perplex, er griff zur Gegensprechanlage, wies seine Vorzimmerdame an, Tee zu organisieren und Sandwiches zu machen und er bat die Herren in die Sitzgruppe.

Sie setzten sich und machten es sich bequem.

Während sie warteten fragte Angus vorsichtig: „Darf ich Ihre Waffe mal sehen. Sie interessiert mich, ich interessiere mich für Waffen.“

Brown ließ die Augen rollen, aber er griff unter das Jackett, holte die brandneue Glock heraus, ließ erst mal das

Magazin rausrutschen und zog den Schlitten zurück, um die Patrone aus dem Lauf zu entfernen. So konnte er Angus die Waffe entladen reichen.

Diese betrachtete Angus interessiert, während Jones eine Hand unter dem Jackett hatte, wo seine Glock war, sicher ist Sicher.

Brown erklärte Angus zu der Waffe: „Die drei Griffrücken sind das größte Verkaufsargument der Gen-4-Serie, die entworfen sind, um zu verschiedenen Handgrößen zu passen. Sie hat ein doppelreihiges Magazin mit 18 Patronen im Magazin in einer durchgeladenen Patrone im Lauf. Die wohl beste Pistole auf der Welt, der Geheimdienst ihrer Majestät wird auf sie umgestellt. James Bond und seine Walter PPK ist nur noch Kintop, das hat mit der Realität nichts zu tun."

Da betrat die Vorzimmerdame den Raum und schob einen Servierwagen mit Tee und Sandwiches herein, Angus reichte ein wenig verlegen das große Schießeisen an Brown zurück und der ließ sie erst einmal neben sich im Sessel verschwinden.

Angus stand auf und half seiner Vorzimmerdame beim Verteilen der Tassen und Teller und meine: „Sie hatten ja einen schlechten Start mit meiner Vorzimmerdame, aber ich möchte Ihnen meine Perle Mrs. Stewart vorstellen. Seinen Sie ihr nicht gram, sie tut ihr bestes und ich stehe hinter ihr."

Da fühlte sich Jones gemüßigt aufzustehen, sich neben Mrs. Stewart aufzubauen und zärtlich ihre Hand zu ergreifen, ihr einen Handkuss zu gegen und süffisant zu meinen: „So eine Vorzimmerdame wünschen wir uns auch. Sie sind zu beneiden, Mr. Campbell. Sie war eine Mauer, die Sie beschützt, aber die wusste, wann sie nachgeben musste, einfach perfekt.“

Mrs. Stewart bekam einen roten Kopf und Angus war zufrieden, die Wogen geglättet zu haben. Er schickte dann Mrs. Stewart aus dem Raum, aber Brown rief ihr noch nach: „Bitte keine Telefongespräche, jetzt brauchen wir Zeit.“

Die Herren bedienten sich und Angus meinte anschließend: „Bitte erlösen Sie mich, erklären Sie mir, warum Sie hier sind.“

Brown steckte das Magazin wieder in die Waffe, lud durch, ließ das Magazin wieder rausgleiten, drückte die letzte Patrone wieder ins Magazin, das selbige wieder in die Waffe, sicherte sie und steckte sie wieder ein.

Dann, nach ein paar Schlucken Tee, fing Brown an zu erzählen: „Dem Geheimdienst ihrer Majestät wurde aus Russland ein Bauplan zugespielt, der Marinetechnik beinhaltet, der von einer Firma stammt, deren Chef Sie sind.“

Da fiel Jones seinem Kollegen Brown ins Wort: „Ein Bauplan von Naval Electronic Systems Rosyth, Ihrer Firma, für den MI 6 unerklärlich, wir müssen es klären. Was sagen Sie dazu?“

Angus schaute leer in den Raum und fragte sich wie das sein kann. „Sie wollen mir also sagen, ein Bauplan von meiner Firma ist in Russland aufgetaucht, und wenn ja, was gibt es für Informationen dazu, die würden mich interessieren.“

Da begann Brown zu referieren: „Der Bauplan ist auf Originalpapier Ihrer Firma mit Sicherheitszeichen und Hologramm ausgestattet, der hat mit Sicherheit sein Leben hier in diesem Gebäude begonnen, und da sollten Sie verstehen, dass das für den Geheimdienst eine Frage ist, die zu klären ist, denn wenn das durchsickert, was noch alles?

Irgendwo ist ein Leck und das muss gestopft werden, ganz einfach, haben Sie eine Idee, Mr. Campbell?“

Angus überlegte und erwiderte: „Das ist mir alles zu hoch. Ich stehe hinter jedem meiner Mitarbeiter ich traue keinem zu, mit den Russen zusammenzuarbeiten, ich verstehe das nicht.“

„Sie müssen es nicht verstehen. Dass wir ein Leck haben, ist klar, wir müssen es lokalisieren und schließen“, meinte Jones.

„Was soll ich tun?“, meinte Angus. „Wie soll ich mich verhalten?“

Um die Situation zu entschärfen, meinte Brown: „Schreiben Sie uns bitte alle Mitarbeiter auf, die Zugang zu Plänen und dem Plotterraum haben, denn das wollen wir als erstes überprüfen. Fällt Ihnen da auf die Schnelle jemand ein?“

Das wies Angus entschieden zurück: „Ich traue niemandem meiner Mitarbeiter sowas zu, die sind loyal zu mir und ihrem Land.“

Aber um sich kooperativ zu zeigen, schrieb Angus alle Mitarbeiter auf, die in seiner Firma arbeiteten und die auch teilweise Zugang zu relevanten Bereichen haben. Nachdem seine Liste erstellt war, reichte er sie zu Jones und er meinte, alle werden jährlich überprüft und es habe nie Probleme gegeben.

„Wir drehen uns im Kreis“, meinte Jones. „So kommen wir nicht weiter. Lassen Sie uns mal einen Rundgang durch die Firma machen.“

„Ja, warum nicht“, meine Angus, „lassen Sie uns einfach mal gehen.“

Also erhoben sie sich und die Agents folgten Angus auf einen Rundgang. Er führte sie durch diverse Büros, durch den mit Chipkarte und Schlüssel gesicherten Plotterraum und dann durch die Fertigung, die aber zu den kompletten Bauplänen keinen Zugang hatte. Die Mitarbeiter bekamen immer nur Teilpläne, die sie dann abarbeiteten.

Es sah alles sehr strukturiert und übersichtlich aus, wo war der Maulwurf?

Plötzlich klingelte es an den Hintertür und da sich niemand gemüßigt sah, dem nachzugehen, gingen die drei an den Hintereingang, um nachzuschauen, was da los war.

Als sie die Hintertür öffneten stand da der grinsende Archie Harrison, der Freund von Ila, der Schwester von Angus, der Angus überschwänglich begrüßte und meinte: „Hey, Angus, Merida, deine bessere Hälfte, hat mich gebeten, euch was für euren Abend von Tesco zu besorgen. Sollte ich dir vorbei bringen, Merida ist mit Kendra beim Reiten, ist dir das recht?“

Angus war etwas perplex , aber er meinte: „Alles ok.“

Da drehte sich Archie um und ging zu seinem klapprigen Geländewagen, einem angeranzten und gammeligen Daihatsu Feroza, öffnete die Heckklappe und hob einen Korb heraus, den er aus dem Kofferraum nahm und Angus in die Hand drückte und meinte: „Bitte übeweise mir das, was auf dem Kassenzettel steht, euch noch einen schönen Tag.“

Dann drehte er ab und ging zu seinem alten Geländeeimer, der anscheinend nur aus großen Rädern und Rost bestand.

Brown und Jones waren etwas überrascht und Jones fragte nach: „Wer war das denn und was hat er für eine Funktion, Mr. Campbell?“

„Das war der Freund meiner Schwester Ila, der arbeitet als Lagerist und Etikettierer im Tesco Supermarkt Queensferry Road. Hier im Betrieb schicken einige ihm eine Einkaufsliste und er besorgt uns die Lebensmittel und liefert diese uns in die Firma. Wir überweisen ihm dann den Betrag, der auf dem Kassenzettel steht, und er kassiert dann seinen Mitarbeiterrabatt, um was nebenbei zu verdienen. Es sind 20 %, aber ich gönne es ihm, er verdient ziemlich schlecht, da ist jedes Pfund nebenbei willkommen. Für uns ist es bequemes Einkaufen und Archie verdient sich ein paar Pfund nebenbei."

Da schaltete Brown: „Betritt er auch die Firma hier?"

„Ja, natürlich", meinte Angus. „Er ist der Freund meiner Schwester und er ist vertrauenswürdig."

Damit war es für Angus erledigt er schleppte den Einkaufskorb in seinen schwarzen BMW X 5 auf dem Parkplatz und Brown flüsterte Jones zu: „Steht der auf der Liste?"

Jones schaute: „Nein, steht er nicht, warum?"

„Schreib ihn drauf, der ist interessant", grinste Brown.

Angus war inzwischen zurück und bat die Herren wieder herein. Nachdem Sie nun alles gesehen hatten, standen sic wieder im Foyer und Angus fragte: „Kann ich Ihnen sonst noch helfen?"

Da schaute Brown auf seine Uhr, es war inzwischen halb drei geworden. „Danke Ihnen, wir werden jetzt gehen. Sie wissen, warum wir hier gewesen sind, bitte behandeln Sie das vertraulich." Dann zwinkerte er Jones zu und wollte gehen.

Da verabschiedeten sich Brown und Jones und verschwanden wieder durch den Eingang auf den Parkplatz.

Draußen fragte Jones neben dem Range Rover: „Warum hast du es so eilig?"

„Warum wohl? Wir haben um drei noch einen Termin bei der Polizei, vergessen? Hier bekommen wir vorläufig nichts mehr raus, lass uns zweigleisig fahren".

Dann stiegen beide in ihren Geländepanzer und ab ging

es zu Polizeistation Crossroad Place wo Brown noch einmal vorstellig werden wollte.

Unterdessen hatten Sie Angus ratlos zurückgelassen, er wusste nicht, wie er mit dem Besuch umgehen sollte. Was ging gerade ab, der Geheimdienst im Haus, der Vater unter der Erde und der Brexit vor der Tür, sein schön geplantes Imperium drohte wie eine Seifenblase zu platzen, alles nichts, was ihn in gute Stimmung versetzte und er gerne mit nach Hause nahm.

Er verabschiedete sich einfach bei Mrs. Stewart und machte sich auf den Heimweg, um ein paar Stunden mit seinen Kids zu verbringen, kam ja selten genug vor.

Brown und Jones unterdessen waren fast bei der Polizeistation angekommen, als Jones plötzlich fragte: „Warum ist der komische Typ mit dem alten Geländewagen denn für dich so interessant, Brown?"

„Gute Frage, Jones", antwortete Brown. „Der Typ, Archie, ist ein Niemand aus irgend einem Tesco-Supermarkt hier in Rosythe und der geht in einem Hochsicherheitsbereich ein und aus. Das zeugt entweder von grenzenloser Naivität von Angus Campbell oder aber der ist sich dessen gar nicht bewusst, was vor sich geht."

Jones verstand das nicht: „Was geht denn vor, ich bin noch nicht ganz online. Was meinst du, Brown?"

Brown lenkte den Range Rover auf den Polizeiparkplatz, schaltete auf Parken und stellte den Motor ab. Dann antwortete er gelangweilt: „Wenn ich ein russischer Geheimagent wäre und jemanden zum Spionieren suchen würde, dann würde ich genau so einen Niemand, einen Loser, nehmen, der unauffällig in irgendeiner Klitsche arbeitet und durch Zufall oder Planung in die Position kommt, Dinge zu erspähen, an die sonst kaum einer rankommt.

Füttere ihn mit ein paar Scheinen und der liefert dir, was du willst, typisches Anwerbeverhalten von Agenten, die Informanten anwerben."

Dann beendete Brown das Gespräch und stieg aus.

Jones tat es ihm nach, sie gingen durch den Haupteingang in das Polizeigebäude.

Vorne am Tresen angekommen winkte sich Brown einen jungen Hemdträger herbei, hielt ihm seinen Ausweis unter die Nase und meinte: „Brown und Jones für DCI Crawford, Pronto, und verschwenden Sie nicht unsere Zeit."

Da wieselte der Hemdträger zum Telefon, telefonierte und kam dann durch die Schleuse zu den beiden Agenten, bat sie, ihm zu folgen, und sie liefen durch das Polizeirevier und die beiden Agents waren glücklich, nicht in so einer muffigen Bude arbeiten zu müssen.

Am Ende des Ganges klopfte der Hemdträger an die Tür, trat ein und lieferte die beiden Agents ab.

DCI Crawford, ein untersetzter Mittfünfziger mit Glatze, stand auf, reichte den Herren die Hand und bat sie, sich zu setzen. Dann winkte er den Hemdträger heraus und als alle drei wieder saßen, fragte Crawford: „Was kann ich für Sie tun, Gentlemen? Wenn der Geheimdienst bei den armen Verwandten der uniformierten Polizei auftaucht, muss was im Busch sein. Also, meine Herren, womit können wir Ihnen helfen?"

Da Jones eigentlich nicht wusste, warum Brown hier unbedingt aufschlagen musste, hielt er sich vornehm zurück und ließ Brown den Vortritt. Der ließ sich aber auch nicht zweimal bitten. Als erstes schmiss Brown dem DCI seinen Ausweis auf den Tisch und meinte: „Wir sind Agenten ihrer Majestät und erwarten von Ihnen Amtshilfe, alle Befugnisse sind vorhanden und wir können Ihnen diese schriftlich binnen 24 Stunden zukommen lassen. Haben Sie Fragen, DCI Crawford?“

Der hielt sich erst mal zurück, schluckte und fragte dann: „Wie soll die Amtshilfe denn aussehen was können wir tun, als kleine Provinzpolizei?“

Brown antwortete prompt: „Ich erwarte, dass Sie uns ein Büro zur Verfügung stellen, zwei Parkplätze und dass Sie und Ihre Polizei bereitstehen, wenn wir Polizeiunterstützung brauchen. Kriegen wir das gemeinsam hin?“

Da schluckte DCI Crawford und antwortete: „Lassen Sie uns mal schauen.“

Dann griff er zum Telefon und führte ein Gespräch, wo es allem Anschein nach um ein Büro hier im Gebäude ging.

Als das geklärt war, stand DCI Crawford auf und bat die beiden, ihm zu folgen.

Er lief den gleichen Weg zurück den die beiden Agents schon kannten, lief an dem Tresen vorbei, ab in den nächsten Flur und gleich die erste Tür öffnete er und meinte Süffisant: „Hier ist das Büro unserer Frischlinge, der Neupolizisten, den Platz übernehmen Sie jetzt.“

Ein stark verschmutzter Raum mit wenig Tageslicht und einem Interieur, das eher zusammengesucht als zusammengestellt aussah.

„Hat zwei Schreibtische, zwei Telefone, PCs und Internetanschluss, hier können Sie sich gerne einrichten.“

Brown griff zum Telefon und blieb am Hörer kleben, den er angewidert fallen ließ. Igitt, dachte er nur.

Da knirschte Jones mal wieder mit den Zähnen und Brown schluckte erst mal, aber er schluckte den Stress herunter und meinte: „OK, das nehmen wir gezwungenermaßen aber ich werde morgen eine Reinigungskolone vorbeischicken, die hier saubermacht, und wehe, Sie lassen die Putzkolone nicht herein.“

Das nahm DCI Crawford nickend zu Kenntnis und er bat die Herren, ihm jetzt auf den Parkplatz zu folgen. Dort angekommen zeigt er auf zwei freie Parkplätze, die parallel zur Hauswand verliefen und mit zwei Parkwächtern gesichert waren.

„Das sind die reservierten Parkplätze für unsere Mannschaftswagen, mit Parkwächter und Fernbedienung ausgerüstet. Ich werde unsere Mannschaftswagen jetzt in der Werkstatt um die Ecke unterstellen lassen und Sie holen sich bitte die Fernbedienungen für die Parkwächter vorne am Tresen ab. Ich danke Ihnen für die Aufmerksamkeit und ich muss mich jetzt verabschieden. Ich habe noch einen weiteren Termin.“ Dann grüßte er wortlos, ging zurück in sein Büro und ließ die beiden Agenten wie kleine Schuljungen stehen. Aber die beiden waren da entspannt und locker, sie ließen ihn gehen und gingen wieder rein, um sich am Tresen die beiden Fernsteuerungen für die Parkplatzwächter abzuholen.

Dort gab Brown die Anweisung, dass morgen ein paar Reinigungskräfte vorbeikommen und sich um ihr Büro kümmern werden, man möge sie bitte in das Büro lassen. Dann verabschiedeten sich die beiden und machten sich auf den Heimweg.

Jones grinste in sich hinein und meinte: „Heute Abend wieder das in-einer-Stunde-Abenbrot mit Nachtisch?“

Da grinste Brown: „Klar doch, ich überlege schon den ganzen Tag, was ich mir zubereiten lasse.“

Dann versanken sie beide in ihren Gedanken und fuhren in ihr Hotel zurück.

Nachdem Brown seinen Wagen auf dem Hotelparkplatz abgestellt hatte, betraten beide das Hotel und ließen sich an der Rezeption die Zimmerkarten geben.

Es war wieder die Kleine von gestern Abend da und sie war mehr als eingeschüchtert. Das wollte Brown ausnutzen, denn er machte folgende Ansage: „Ich brauche zwei Reinigungskräfte, morgen Nachmittag für gut drei Stunden, sie sollen ein Büro für mich säubern, können Sie mir da helfen?“

Da fuhr die Kleine erschrocken auf: „Wie stellen Sie sich das vor, Sir?“

„Ganz einfach“, erwiderte Brown, ich möchte, das morgen Nachmittag zwei Ihrer Reinigungskräfte in die Stadt fahren, ins Polizeigebäude Crossroad Place, um dort das uns zugewiesene Büro von oben bis unten zu reinigen. Wenn dieses zu unserer Zufriedenheit gelöst wird, werde ich den beiden Putzkräfte morgen Abend beim Abendessen 300 Pfund übergeben, als Dankeschön und steuerfrei. Und wenn wir schon beim Abendessen sind, ich möchte in einer Stunde essen, bitte schreiben Sie mit. Ich möchte eine Shepherds Pie und zum Nachtisch ein paar Vanille Scones mit Orangen Kumquat Marmelade, die Getränke klären wir am Tisch.“ Und dann fragte er Jones: „Was willst du?“

„Ich nehme zwei Smoky Cheddar Burger, einen scharf und einen mild mit Wedges,Tomatenketchup und Remoulade und zum Nachtisch einen Lemon-Trifle. Getränke später. Haben Sie das?“

Die kleine nickte und die beiden drehten auf dem Absatz um und gingen in ihre Zimmer, um sich frisch zu machen und sich umzuziehen.

Gut eine Stunde später stand Jones vor der Tür von Brown und klopfte, um ihn zum Essen abzuholen. Dann gingen sie gemeinsam in den Speiseraum und setzten sich demonstrativ wieder an den selben Tisch wie am Abend zuvor und warteten bis der Ober auftauchte und fragte: „Was möchten die Herren zur Hauptspeise trinken?“

„Carlsberg“, meine Brown, „und ein Krombacher für Jones.“ Sie wollten auch mal internationales Bier trinken.

„Gute Wahl“, meinte der Ober und verschwand.

Minuten später brachte er die Biere und im Anschluss auch gleich die Hauptspeisen.

Als Brown die Hamburger von Jones sah, wusste er, die hätte er auch gerne gehabt, aber egal, die Pie war auch vorzüglich. Also aßen beide mit viel Appetit und dann begann Brown zu reden: „Morgen werden wir bei Babcock aufschlagen und denen mal auf den Zahn fühlen und die werden dann mal Rede und Antwort stehen müssen, ein lecker Mahl übrigens, die Shepherds Pie ist auf den Punkt, das Fleisch zerfällt förmlich im Mund, einfach köstlich.“

„Ja, das machen wir, morgen ist die Werft fällig, auch von da kann der Plan verschwunden sein, wir müssen alle Eventualitäten abklopfen“, meinte Jones und aß weiter, die beiden Hamburger waren für sich schon was besonderes, das rauchige Cheddar-Aroma war wirklich ein Genuss und hatte nichts mit den Hamburgern zu tun, die es bei McDonald‘s zu kaufen gab, aber Jones kämpfte mit sich, denn schon einer dieser traumhaften Hamburger hätte eigentlich gereicht, um satt zu sein, aber jetzt, wo er zwei bestellt hatte und Vater Staat beide zahlte, wollte er beide schon mit Andacht verspachteln.

Als der Hauptgang gegessen war, ging es zum Nachtisch, aber der war so schnell weg, da half kein reden, es schmeckte süß und köstlich. Jeder nahm noch einen Espresso und dann war das Mahl beendet.

Jones quittierte das Essen und dann ging es ab in die Bar.

Brown bestellte Moscow Mule und Jones einen Long Island Ice Tea.

Sie rekapitulierten nochmal den Tag und Jones wunderte sich etwas, warum Brown diesen Archie Harrison so gefressen hatte. In Browns Gedanken schien nur noch Archie als der mögliche Maulwurf möglich und er war darauf aus, den Wicht zu überführen, koste es, was es wolle.

Wie am Abend vorher brauchten die Herren ein gewisses Pensum, um bettschwer zu werden, nach je drei Drinks unterschrieb Brown den Zettel und beide verschwanden angeheitert gegen 23 Uhr im Bett.

Kapitel 4

Babcock auf den Zahn fühlen

Am nächsten Morgen gegen 9 Uhr im Frühstücksraum.

Brown und Jones gönnten sich das übliche Frühstück, Jones gönnte sich auch mal Baked Beans in Tomatensoße und Brown einen Becher salzigem Porridge.

Dann schlug Jones einen Schnellhefter auf und referierte: „Da ich ab 6 Uhr wach gelegen habe, bin ich ins Internet gegangen und habe etwas über Babcock hier in Rosyth recherchiert. In Babcock Rosyth befindet sich eine der größten Produktions- und Reparaturstätten an der Küste in Großbritannien. Mit einfachem Zugang zur Nordsee über ein Gezeiten- und nicht-Gezeitenbecken und durch millionenschwere Investitionen erweitert, in den letzten Jahren ist Babcock in Rosythe eine der modernsten und leistungsfähigsten Werften im Königreich geworden. Babcocks Werfteinrichtungen bieten einen umfassenden Kundenservice vom Konzept bis zur Fertigstellung. Dank der einzigartigen Fähigkeiten und Einrichtungen und der passenden Infrastruktur werden den Kunden jede Unterstützung geboten. Mit einer Grundfläche von 300 Morgen und einer Fabrikationsfläche, auf der 1.169 Busse bequem abgestellt werden können, verfügt Babcocks Standort in Rosyth über 25 überdachte Fertigungsbereiche mit speziell erweiterten Türen, die auch die größten Projekte aufnehmen können."

Da musste Jones erst mal einen Schluck Tee nachschieben und Brown meinte: „Da warst du ja fleißig, ich bin begeistert." Und er verspeiste ein gebratenes Würstchen, oder das was die Schotten darunter verstehen.

Dann sprach Jones weiter: „Babcock modernisiert im

Moment die Zerstörer Typ 45, die Atom-U-Boote der Astute-Klasse und baut die Queen Elisabeth II, den neuen Flugzeugträger der Royal Navy, in Rosythe zusammen. Selbst die Umrüstung der Zerstörer vom Typ 45 kostet den englischen Steuerzahler über die Jahre mindestens 1,2 Milliarden Pfund. Die wissen also, wo sie das Geld abgreifen können."

Dann endete Jones und Brown meinte: „Sehr gut, das ist ein guter Einstieg und da werden wir jetzt mal vorstellig."

Beide beendeten das Frühstück, standen auf und verließen den Speisesaal. Dann ab nach oben, fertigmachen, und dann ab in den Range Rover von Jones, heute fuhr er.

Sie fuhren gegen 10 Uhr vormittags durch Rosythe an die Küste, sie wollten zum Rosythe Business Park am Fluss Forth. Sie wollten über die Einfahrt Stuart Road auf das Firmengrundstück, denn nur da hatten sie die Gewissheit, zum Verwaltungsgebäude zu kommen, ohne über das ganze Werftgelände fahren zu müssen.

Als sie vor einer Schranke ankamen, die ihnen das Befahren des Geländes verwehrte, verließ ein Pförtner ein kleines flaches Gebäude neben der Schranke und fragte, worum es ging.

Brown ließ die Scheibe herunterfahren und bellte den Pförtner an: „Melden Sie uns bei Ihrem Chef, dem obersten Chef, an, aber pronto."

Der Pförtner war etwas angefressen, doch ehe er etwas sagen konnte, drückte Brown ihm seinen Ausweis unter die Nase und er war arschcool dabei.

Der Pförtner stammelte, „bitte warten Sie einen Moment", und verschwand in seiner Pförtnerbude und die beiden Agents warteten, aber das waren sie ja schon gewohnt.

Nach ein paar Minuten kam er wieder, öffnete die hintere

Tür, setzte sich und sagte: „Bitte geradeaus, Gentlemen."

Da drehte sich Jones um und knischte eiskalt zwischen seinen Zähnen hervor: „Raus aus meinem Auto, sonst erschieße ich Sie auf der Stelle." Und er griff unter seinem Jackett nach seiner Glock, zog sie und richtete sie auf den Mann.

Da sprang der Pförtner erschrocken aus dem Auto und Brown fragte: „Wohin?"

Der Pförtner stammelte: „Immer geradeaus, da kommt ein Glaskasten, Sie können ihn kaum verfehlen."

Da schrie ihn Brown an: „Machen Sie endlich das Tor auf oder sollen wir es zu Kleinholz machen?"

Da verschwand der Pförtner schleunigst, um den Schlagbaum zu öffnen und Jones drosch mit quietschenden Reifen auf das Gelände.

„War das jetzt nötig, dass du dem armen Kerl deine Glock unter die Nase halten musstest, der bekommt ja einen Schock fürs Leben?", meinte Brown.

„Niemand setzt sich ungebeten in mein Auto, da bin ich eigen. Das macht man nicht, egal wer, ich erlaube oder verbiete und ich verbiete aus Prinzip", antwortete Jones wütend.

Nach gut 600 Metern Fahrt sahen sie einen futuristischen Glaskasten, der auf ein Werftgelände passte wie ein Gewächshaus auf den Mond, nämlich gar nicht.

Da meinte Jones zynisch: „Mit dem Ding wollen sie wohl zeigen, dass sie die Queen Elisabeth II, den neuen Flugzeugträger, wohl zusammenbekommen."

Dann knallte Jones den Range direkt vor den Haupteingang und meinte, das wage niemand, den abzuschleppen. Dann betraten sie den Glaskasten und gingen direkt zur Rezeption und meldeten sich an.

Jones sprach über den Tresen: „Jones und Brown von der Regierung möchten den Betriebsleiter sprechen, umgehend, schnell und pronto.“

Die Frau am Tresen, eine leicht verwelkte blonde Fünfzigjährige, die nur ihre Schminke und die teure Garderobe zusammenhielt, meinte, dass der Fertigungsleiter auf dem Gelände unterwegs sei.

„Kein Problem“, meine Brown. „Treiben Sie ihn auf, ich und Jones werden uns jetzt in die Besucherlounge setzen, Sie bringen uns Tee und wir warten 15 Minuten. Wenn der Mann dann nicht da ist, fahren wir wieder und in einer Stunde kommt die Polizei und holt ihn ab, damit wir uns dann auf dem Polizeirevier unterhalten können, war das jetzt deutlich genug?“

Dann drehte er ab und Jones zwinkerte und meinte: „Legen Sie noch ein paar Sandwiches bei.“ Und er folgte Brown zur Sitzgruppe. In diese fläzten sie sich dann und warteten.

Die Blonde am Tresen telefonierte und stückelte in Windeseile ein paar Sandwiches mit Käse und Roastbeef zusammen und brachte diese dann mit dem üblichen Tee zu Brown und Jones.

Sie stellte alles auf den Tisch vor die beiden und meinte: „Mr. Latimer, der Betriebsleiter, ist auf dem Weg. Er tut sein Bestes, in der von Ihnen gesetzten Zeit hier zu sein.“

„Löblich“, grinste Brown. „Warum denn nicht gleich so?“ Und er nippte an seinem Tee, der wirklich gut war.

Jones griff sich das Käse-Sandwich und Brown musste sich mit dem Roastbeef-Sandwich begnügen, aber es mundete ihm sehr.

Nachdem beide das Sandwich vertilgt hatten und der Tee fast kalt war, stürmte ein hagerer Mann Ende 50 mit wirren

Haaren in die Vorhalle, lief direkt auf die Besucherlounge zu und stellte sich dann neben Brown: „Sorry, die Herren, mein Name ist Latimer, ich bin der Fertigungsleiter hier bei Babcock, was kann ich für Sie tun.“

Brown erhob sich. „Sir, bitte lassen Sie uns in Ihr Büro gehen.“

Jones und Brown erhoben sich und folgten Latimer in sein Büro. Nachdem sie dort angekommen waren, bat Latimer die beiden, am Schreibtisch Platz zu nehmen, und fragte: „Sind Sie die Herren, die einem meiner Sicherheitsleute eine Waffe unter die Nase gehalten haben? Das ist mir schon zu Ohren gekommen.“

„Ja, das waren wir“, erwiderte Jones. „Niemand setzt sich ohne Aufforderung in mein Auto, und, ja, ich trage Waffe.“ Dann stand er auf, griff unter die Jacke, holte die Glock raus, knallte sie auf den Tisch und seinen Ausweis oben drauf. „Wir haben alle Befugnisse, auch hier mal mit dem eisernen Besen auszukehren, haben Sie das verstanden?“

„Sir, was nehmen Sie sich heraus? Was wollen Sie von Babcock, erklären Sie sich bitte.“

Dann fing Brown an zu erklären. „Uns wurde ein Bauplan einer Umrüstung zugespielt, die hier in der Werft gemacht wird, und was denken Sie, wo der Bauplan aufgetaucht ist?“

Latimer gab sich ahnungslos und Brown sprach weiter: „Der Bauplan wurde uns aus Murmansk in Russland zugespielt und jetzt werden wir das Leck suchen und schließen. Ist Ihnen das klar? Wir drehen jeden Stein um, wir wollen diesen Maulwurf und wir erwarten Mitarbeit und Informationen.“

Da schluckte Latimer. „Wir werden alles tun, um Sie zu

unterstützen. Worum handelt es sich denn bei dem Bauplan?“

„Es geht um die Modernisierung unserer U-Boote der Astute–Klasse, in dem speziellen Fall der HMS Ambush, die liegt hier in der Werft, wie Sie ja wissen, Sir“, antwortete Jones.

Da erwiderte Latimer entrüstet: „Wir sind Generalunternehmer beim Bau der Queen Elisabeth II, dem neuesten Flugzeugträger der Navy, einem Prunkstück englischer Waffentechnik und wir modernisieren den besten Zerstörer der Welt, den Typ 45, jede Marine will den Typ 45 haben. Dass da noch Kinderkrankheiten sind, ist doch verständlich, bei so komplexen technischen Errungenschaften, aber der Typ 45 wird die nächsten 50 Jahre auf den Weltmeeren herrschen. Er ist der Pitbull mit scharfem Gebiss, ein Wadenbeißer, der unbequem ist, aber absolut unverzichtbar, die Monsterschiffe sind ja gut und schön, aber die Hauptarbeit machen die Zerstörer. Wir haben gerade die HMS Dauntless hier zur Modernisierung liegen und wir rüsten die neuesten Atom-U–Boote, die Astrute-Boote hier um. Hier liegt gerade die HMS Ambush im Dock, wir tun alles, dass England sicher ist. Was können Sie, der MI 5, uns vorwerfen?“

Da konterte Brown trocken: „Wir suchen ein Leck, auch bei Ihnen. Wir wollen wissen, wer hier Pläne weitergibt und wir werden alles tun, das Leck zu schließen. Arbeiten Sie mit uns zusammen oder es wird ein harter Kampf.“

Dann war erst mal Stille. Bis Latimer plötzlich fragte: „Womit können wir helfen? Was wollen Sie von Babcock und wie können wir uns vor Stress Ihrerseits schützen?“

„Ok“, meinte Jones, „im speziellen Fall geht es die Atom-U-Boote an. Wer ist da beteiligt, wer hat das Sagen, wer unterschreibt? Liefern Sie, wir wollen Ergebnisse."

„Gut, dass Sie das Ansprechen", meinte Latimer. „Ich werde Sie an den Repair Manager Submarine verweisen. Der Mann wird alle Fragen, die Sie beschäftigen, beantworten. Babcock ist auf Aufträge der Royal Navy angewiesen, wir haben gute Aufträge und das soll auch so bleiben. Bitte stopfen Sie das Leck, es hängen viele hundert Arbeitsplätze daran, dass wir gut zusammenarbeiten."

Dann nutzte Latimer die Gegensprechanlage und er gab durch, dass er einen Brandon Drummond umgehend in seinem Büro zu sehen wünschte und umgehend bedeutet in 15 Minuten, kein Verzug, keine Zeit, er erwarte, sofort. Dann wies er seine Vorzimmer an, dringend zwei weiße Besucherhelme zu besorgen, denn das Werfgelände darf nur mit Helm betreten werde.

Und die drei im Büro warteten auf wen auch immer und die Zeil lief ab. Zehn Minuten waren lange vergangen und Brown wurde langsam ungeduldig und Latimer wurde immer nervöser.

Die Zeit lief gerade ab, als es an der Tür klopfte und ein Mittfünfziger mit Arbeitskleidung und Sicherheitsschuhen das Büro betrat. Latimer stand auf, ging dem Mann entgegen und stellte den beiden Agents den Repair Manager Submarine Brandon Drummond vor.

Dann setzte sich Brandon zu den dreien und Brown gab ihm die Infos, die er brauchte, um zu verstehen, was abgeht: „Also, wir sind hier, weil es ein Datenleck hier in der Werft geben könnte, denn ein Plan ist in Russland aufgetaucht, das wollen wir klären."

Da runzelte Dummond die Stirn und meinte: „Das könnte ich eigentlich nur ausschließen, dass der Plan von uns hier kommt, wir gehen mit den geheimen Plänen sehr sorgsam und zuverlässig um, ich werden Sie gerne über alles informieren."

Dann stand Drummond auf und fragte Jones und Brown: „Darf ich Ihnen alles Wichtige zeigen, um jeglichen Verdacht von Babcock zu nehmen?"

Das ließen sich die Agents nicht zweimal sagen, sie folgten Drummond Richtung Ausgang, wo die verwelkte Blonde angedackelt kam, um den beiden Agents je einen weißen Schutzhelm zu überreichen. Es war Pflicht, diesen auf dem Gelände zu tragen.

„Ja", meinte Drummond, auf dem Gelände bestehe er darauf, dass jeder, auch Besucher und Geheimagenten, Helm tragen.

Sie verließen das Gebäude und gingen auf dem Parkplatz auf einen älteren Land Rover Defender zu und enterten den Wagen. Drummond begann während der Fahrt zu erzählen: „Das Problem, das Sie betrifft, ist die Modernisierung der Astute-U-Boote und die findet bei uns im hinteren Teil der Werft statt, in einem speziell gesichteten Bereich, den nur Mitarbeiter mit Sonderausweis betreten können." Dann bog er ab, ließ noch einen Gabelstapler passieren und meinte weiter: „Hier auf der Werft müssen alle Helm tragen, die normalen Arbeiter wie Schweißer, Trenner und Fahrer und Kranführer im normalen Werftbereich, also keine Sicherheitsstufe einen gelben Helm." Dann holperte er etwas wild durch ein tiefes Schlagloch, an dem ein Mini Cooper seine Achsen verloren hätte.

„Ja, Helme", meine Drummond weiter: „Besucher tragen weiße Helme und die Mitarbeiter, die im Hochsicherheitsbereich Bereich arbeiten, sich durch Codes und Karten legitimieren, tragen einen roten Helm, so ist immer die Sicherheit gegeben, dass sich niemand in einem Bereich aufhält, in dem er nichts zu suchen hat. 10 % unserer Belegschaft sind im Sicherheitsdienst tätig und die sind den ganzen Tag unterwegs, um dafür zu sorgen, dass nichts nach draußen dringt und alles im Geheimen abläuft."

Dann bremste Drummond seinen Landy vor einer großen Halle und bat die Herren auszusteigen. Als sie nur draußen vor der Halle standen, erklärte er den beiden: „Das hier ist eine Sicherheits-Panzertür, sie lässt sich nur mit Karte und Pin oder Panzerfaust öffnen. Ich demonstriere Ihnen das mal."

Er griff aber erst zu einem Handy und rief die Sicherheit an: „Hier Drummond, ich betrete gleich mit zwei Herren von der Regierung die Halle 21, alles ok und abgesichert."

Dann meine er zu Brown und Jones: „Überall sind hier Kameras. Wenn ich uns nicht anmelden würde, dann würden hier in zehn Minuten zwei Herren von der Sicherheit auftauchen und uns dann mit Pistolen im Anschlag abführen. Und wenn ich ehrlich bin, auf eine Schiesserei hier lege ich nun wirklich keinen Wert."

Er trat an die Tür, steckte seine Karte in einen Schlitz, gab eine Pin über ein Display ein und konnte mit dem Türgriff die Tür öffnen.

Dann betraten sie die Halle, in dem ein schwarzer Schatten auf dem Wasser lag. Es war das ach so geheime U–Boot, von dem ein Bauplan in Russland aufschlug.

Drummond machte eine weitausholende Handbewegung und begann zu erklären: „Das U–Boot, das Sie hier sehen, ist die S 120 - HMS Ambush, Kiellegung im Oktober 2003 und dann Indienststellung am 1. März 2013. Es ist also Indienst und liegt hier nur zur Modernisierung, die wir spätestens am 01. Juli abgeschlossen haben müssen. Der Termin steht, dann soll die Mannschaft entern und für ein halbes Jahr unter Wasser verschwinden. Das Boot hat eine Länge von 97 m, Breite von knapp über 11 m und normaler Tiefgang ist bei Überwasserfahrt 10 m. Die Besatzung beträgt je nach Art des Einsatzes 97 bis 129 Mann. Das Boot ist mit allerlei Bewaffnung ausgestattet, da wären 6 Torpedorohre für Spearfish Torpedos, ein Hammer, wenn der einschlägt. Die Astrute Klasse fährt den Spearfish MK6 spazieren, davon reicht einer, um ein Schiff mit 200 m Länge auf den Meerengrund zu setzen. Wie viele Torpedos an Bord sind, weiß nur die Royal Navy. Weiter hat das U Boot die UGM-84 Harpoon an Bort, einen Seezielflugkörper, der auf große Entfernung alles, was im Weg steht, wegräumt. Zum Schluss kommen die BGM-109 Tomahawk IV Marschflugkörper, mit Nuklearsprengköpfen ausgestattet. Die flogen schon im Irakkrieg und waren schon da schwer abzuschießen. Diese U-Boote sind eine getauchte Waffenbasis, die nur alle sechs Monate auftauchen, um die Mannschaft zu wechseln. Jetzt ist das Boot unbewaffnet, also ein zahnloser Tiger."

„Sie sind ja gut informiert", meine Jones. „Warum?"

„Wir hier in Rosyath haben viel Arbeit auch in diese Boote gesteckt, sie sind wie ein technisches Baby von uns", meinte Drummond. „England ist für mich immer noch die Seemacht schlechthin, immer schon gewesen, und unsere Schiffe tragen den Glanz und die Gloria in die Welt und die Matrosen sind wirklich stolz auf das, was sie tun."

Da wurde es Brown zu kompliziert. „Und auf was bezieht sich denn nun der Bauplan, der in Russland gefunden wurde?"

Sie standen auf Höhe des großen schwarzen Kommandoturmes und Drummond erklärte: „Seien Sie mir nicht böse, aber dieses Boot dürfen auch Sie mit Ihren Befugnissen nicht betreten, aber ich denke, das ist auch gar nicht nötig, denn das, was Sie wissen wollen, kann man sich mit etwas Fantasie vorstellen."

Da schluckten Brown und Jones und Drummond meinte: „Seien Sie froh, Sie sind die ersten Besucher, die hier mit einer geladenen Waffe an einem der geheimsten U-Boote ihrer Majestät stehen. Also weiter, die Firma Naval Electronic Systems Rosythe hat ein Programm und eine autarke Selbststeuerung entwickelt, die eine von uns entwickelte AAP – Autonome Arbeitspattform – steuert, und, wenn nötig, aus der Kommandozentrale gesteuert werden kann. Diese Steuerung ist in der Lage, auf innere Einflüsse, hier speziell der Reaktor, ganz ohne Anweisungen selbsttätig zu reagieren und wenn es sein muss, alles zu tun, um den Reaktor und noch wichtiger die Waffenbasis, das U–Boot, zu retten, diese Entwicklung hat über 10 Jahre gedauert und 100 Millionen Pfund gekostet, aber das sollte uns diese Lebensversicherung wert sein. Diese AAP wird jetzt in der Maschinenanlage verbaut, die Maschine selber ist ein Rolls-Royce-PWR2-Druckwassereaktor, der eine Dampfturbine zum Laufen bringt, der einen Düsenringpropeller antreibt, den selbst wir noch nie gesehen haben. Der wird sofort, nachdem das Boot hier angelegt hat, von Marinetauchern abgedreckt."

„Wo ist denn da das Problem?" fragte Brown. „Was interessiert denn die Russen daran?"

„Ja, was interessiert die Russen daran?", antwortete Drummond. „Es geht darum, dass diese AAP in dem Reaktor, auch bei einem Störfall, autonom arbeiten und reparieren kann. Das ist bei einem strahlenverseuchten Maschinenraum sehr wichtig, kein englischer Kapitän will einen seiner schwarzen Jungs in einen verseuchten Reaktorraum schicken, darum die AAP und der Umbau nach so kurzer Zeit, der auch wieder 50 Millionen Pfund Einbaukosten verschlingen wird. Auch bei den Russen haben sich die Zeiten geändert, da kann ich mir gut vorstellen, dass die Russen an der APP interessiert sind. Früher schickten die einfach einen da rein, der starb, was ihnen egal war. Nur jetzt können sich auch die Russen diesen Umgang mit Menschen nicht mehr leisten, da kommt ihnen die Blaupause von unserer APP mit autarkem Schaltplan zum Nulltarif sicher gelegen."

„Ein interessanter Aspekt", antwortete Jones. „Wollen Sie uns jetzt bitte mal zeigen, was mit den geheimen Plänen passiert und wie Sie damit umgehen?"

Da hatte Drummond nichts dagegen und er bat die Herren ihm zu folgen. Sie liefen am Boot entlang und blieben an der Heckseite des Bootes vor einem kleinen unscheinbarem Büro stehen. Dieses betrat Drummond, Brown und Jones folgten.

Als sie sich in diesem kleinen Büro versammelt hatten, ein ein-Meter-Tisch, zwei Stühle und ein Aktenschrank, begann Drummond zu erklären: „Unsere Pläne werden in einem Panzerschrank neben dem Schreibtisch verdeckt von diesem Vorhang hier ..." Er zog den Vorhang beiseite und gab einen Blick auf den Panzerschrank frei, der nicht gerade ein altes Modell war. „... aufbewahrt, nur ich und mein Stellvertreter kennen den Code und nur einer von uns hat den Schlüssel zu ihm. Wenn ich im Dienst bin, dann ich, wenn ich krank oder in Urlaub bin, mein Stellvertreter."

Dann ging Drummond zum Aktenschrank, öffnete die Schublade, griff herein und holte eine alte Kladde heraus. Die schlug er auf und legte sie den Agents vor: „Hier in der Kladde wird am Morgen eingetragen, wer einen Plan abholt, um ihn zu bearbeiten, und es steht auch darin, dass er ihn am Abend wieder abgegeben hat, und es gibt keine Differenzen.“

Dann wandte er sich dem Tresor zu, tippe einen Code ein und schloss ihn dann mit einem Spezialschlüssel auf. Dann öffnete er den Tresor und entnahm ihm alle Papiere. Er breitete diese auf dem Schreibtisch aus und meinte: „Alle Pläne bekommen hier einen Stempel und eine Nummer, und wie ich in der Kladde sehe, sind alle Pläne, die wir bekommen haben, vollständig vorhanden, alles im grünen Bereich.„

Da fühlte sich Jones bemüßigt, alle Pläne mit den Eintragungen in der Kladde zu vergleichen und er musste eingestehen, dass alles ok war. Alle Pläne da und nichts, was nicht passte.

„Wer trägt die Nummer ein auf dem Plan und wer stempelt das ab?“, fragte Brown.

„Ich natürlich“, antworte Drummond. „Es sind ja nicht so viele Pläne, die durch meine Hände gehen, darum übernehme ich das gerne.“

Das reichte Brown fürs erste und er winkte dankend ab.

Da grinste sich Drummond eins, denn er wusste, dass eines jetzt klar war, das Leck war nicht bei Babcock und das hatte er klargestellt, das würde sein Arbeitgeber sicher zu würdigen wissen.

Brown und Jones schauten etwas beruhigter, da es jetzt den Anschein hatte, dass der Plan nicht von Babcock war, also eine Baustelle weniger. Oder?

Nachdem das anscheinend geklärt war, kam Brown ein Gedanke und er fragte Drummond: „Sagen Sie mal, Mr. Drummond, kann es sein, dass ich Sie auf der Beerdigung von Hamish Campbell gesehen habe?“

„Natürlich“, antwortete Drummond, ‚wir sind Nachbarn der Campbells. Da ist es selbstverständlich, zu einer Beerdigung zu erscheinen. Ich kenne die Campbells schon seit vielen Jahren.“

Das genügte den Agents und sie baten Drummond sie wieder zu ihrem Auto zu fahren. Sie verließen also das Büro, gingen an dem schwarzen Monster, dem U-Boot vorbei, um wieder durch den Eingang die Halle zu verlassen. Wieder vor der Halle stiegen sie in den Defender und fuhren wieder Richtung Verwaltungsgebäude. Die Agents waren recht zufrieden und Drummond seinem Gesichtsausdruck zu urteilen auch.

Vor dem Hauptgebäude glänzte der Range Rover von Jones in der Sonne und niemand hatte Hand an ihn gelegt.

Als Drummond nun bremste, stiegen alle aus und Brown verabschiedete sich: „Danke für die Information und auch dass Sie uns das alles zugänglich gemacht haben.“

Drummond freute sich, reichte beiden die Hand und diese bedankten sich, drückten Drummod ihre beiden Besucherhelme in die Hand und verschwanden dann in ihrem Range Rover und ließen Brandon Drummond grinsend zurück, der die Helme auf die Ladefläche feuerte und sich freute, alles abgebügelt zu haben. Er setzte sich wieder in seinen Landy und fuhr zurück zur Halle 21.

Jones und Brown fuhren über das Werftgelände, um sich dann über den gleichen Eingang auch den Ausgang zu verschaffen. Als sie vor der Schranke standen, hupte Jones einfach und ihm wurde auch sofort die Schranke geöffnet.

Er grinste und gab tüchtig Gas. Brown schaute in seine Notizen und fragte Jones: „Was denkst du? Ist das alles glaubwürdig oder müssen wir tiefer graben?“

Jones hielt an einer Ampel an und antwortete: „Mir

kommt bis auf weiteres alles recht plausibel vor, wir haben ja alles kontrolliert und es gibt keine Differenzen, was den Bestand an Plänen angeht, also es scheint kein Plan abhanden gekommen zu sein.“

„Das ist mir alles zu perfekt“, meinte Brown. „Irgendwie bin ich da einfach nur misstrauisch, denn dass alles so lückenlos belegbar ist, kommt eher selten vor. Fahr mal zu dem Café da hinten, da setzen wir uns rein und überlegen.“

Das tat Jones gerne, er lenkte den Range in eine Parkbucht und als der Wagen stand, stiegen beide aus. Sie überquerten den Bürgersteig und betraten ein kleines, gemütliches Café. Brown schaute sich um und meinte: „Lass uns hinten in die Ecke setzen und er zeigte auf einen kleinen Tisch. Auf den liefen sie dann zu und nachdem Sie sich gesetzt hatten kam hinter dem Tresen eine junge Frau hervor. Brown würde sie als jobbende Studentin einordnen und die fragte nach den Wünschen.

Jones bestellte einen Café Latte und Brown einen Café Amerikano. Das schrieb die Kleine auf und verschwand, um sich an einem Ungetüm von Kaffeemaschine zu schaffen zu machen. Es zischte und dampfte, als sie diese in Arbeit versetzte.

Unterdessen fragte Jones seinen Kollegen: „Was stört dich denn, kannst du mir das sagen?“

Brown lehnte sich zurück und antwortete bedächtig: „Ich habe das Gefühl, dass wir noch nicht alles wissen, was nötig ist. Dieser Drummond war mir einfach zu sicher, da stimmt was nicht, der war nicht mal nervös und das gefällt mir gar nicht. Das macht mich einfach neugierig, niemand, der uns gegenüber steht, ist so arschcool, es sei denn, er weiß genau, dass ihm nichts passieren kann, aber wer weiß das schon?“

Da brachte die Kleine die Kaffees und stellte noch Milch und Zucker dazu und wollte gerne abkassieren, ihre Schicht ende jetzt. Sie verlangte 8,80 Pfund und Jones wollte mit Karte zahlen. Also spurtete sie los, um das Kartenlesegerät zu holen. Als Sie da war, meinte Jones: „Geben Sie 12 Pfund ein.“ Und er hielt seine Kreditkarte über das Display. Es piepte, ein kleiner Papierstreifen kam aus dem Gerät, den gab die Kleine an Jones weiter, bedankte sich und verschwand aus ihren Augen und sicher auch in den Feierabend, wie sich Jones dachte.

„Du bist ganz schön misstrauisch, aber es könnte ja auch was an deiner Theorie dran sein. Wer sagt uns denn, dass diese Kladde nicht manipuliert werden kann, denn ich habe die Befürchtung, dass solche handgeschriebenen Kladden nicht wirklich fälschungssicher sind.“

Da nahm Brown einen Schluck Kaffee und erläuterte seine Theorie: „Ich glaube niemandem, egal, wie gut die Geschichte ist und wie plausibel sie daherkommt, erst wenn ich den Fall gelöst habe, den Maulwurf habe, erst dann sind alle anderen Verdächtigen aus dem Spiel. Jetzt stell dir nur mal vor, das Brandon Drummond zu Angus Campbell kommt und ihm erzählt, ihm sei ein Plan abhanden gekommen, den hätte er oder auch nur ein Mitarbeiter verschlampt, verbrannt oder sonst etwas, was denkst du, würde Campbell tun? Ein guter Freund der Familie kommt in großer Not zu ihm und bittet ihn um einen neuen Plan. Ich denke, der würde ihm sofort einen neuen Plan ausdrucken. Dann stempelt ihn Drummond nur noch ab und trägt die Nummer vom ersten Plan ein, zerknittert ihn noch ein wenig und schon ist alles wieder chic und Drummond verschachert den ersten Plan an die Russen.“ So endete Brown und Jones blieb erst mal der Mund offen stehen, mit so einer Theorie hätte er nicht gerechnet, das sagte er auch: „Du denkst ja um fünf Ecken herum, scheinbar sehr weit hergeholt, aber die Theorie hat was. Zumindest könnte es ja so gewesen sein, denn diese Kladde und die Stempel mit handschriftlich eingetragenen Nummern gefallen mir von Minute zu Minute weniger. Aber was denkst du dir, was sollen wir tun, denn wir müssen den Maulwurf finden, koste es, was es wolle. Aber wie geht es jetzt weiter? Wir müssen ja was tun, um zu Ergebnissen zu kommen."

Brown trank die Tasse Kaffee leer und meinte lapidar: „Wir werden das regeln, aber jetzt lass uns erst mal in unser Büro in der Polizeistation Crossroad Place fahren. Ich möchte sehen, ob wir morgen unser Büro beziehen können."

„Gute Idee", grinste Jones und beide erhoben sich und machte sich auf den Weg, das Café zu verlassen. Dann setzten sie sich wieder in den Range Rover und Jones fuhr zum Crossroad Palace und fuhr dann den Wagen hinter das Gebäude und wollte mal sehen, ob die für sie reservierten Parkplätze auch frei waren. Und ja, sie waren frei. Jones drückte auf den Knopf seiner Fernbedienung und der Parkwächter ging runter und Jones stellte den Wagen auf den ausgewiesen Parkplatz. Dann machten sich die zwei auf den Weg durch den Hintereingang, am Tresen mit den Hemdträgern vorbei in ihr Büro. Als Jones das Büro betrat, war er überrascht. Brown pfiff durch die Zähne und meinte: „Hier ist ja Meister Propper durchgefegt, das ist der Wahnsinn."

Das Büro war nicht wiederzuerkennen, alles war rein, fast schon klinisch sauber, die Fenster geputzt, die Sessel gereinigt, die Papierkörbe mit Plastiktüten ausgelegt und selbst die PCs und Tastaturen waren gereinigt und auf der

Tastatur lag eine Schutzfolie, die vor der Arbeit entfernt werden musste. Selbst die Telefone waren sichtbar gereinigt und klebten nicht mehr so wie bei ihrem ersten Besuch.

„Ja, Jones, das nenn ich sauber, so sauber ist selbst unser Büro in London nicht, ein Unterschied wie Tag und Nacht, ich bin begeistert, das gibt einen Bonus."

Am Fenster stand sogar ein Vase mit frischen Blumen, das hatten sie ja noch nie erlebt.

Da lachte Jones auf. „Ein menschlicher Zug bei dir, ich bin überrascht, aber du hast Recht, das muss belohnt werden."

Dann setzten sich die zwei an ihre Schreibtische und starteten die PCs. Als diese hochgefahren waren, gaben sie das Passwort ein, das am Bildschirm angeklebt war, und Brown meinte: „Ändere bitte das Passwort. Es reicht, wenn wir wissen, was wir tun. Ich brauche niemanden, der mich mit dem Revierpasswort überwacht."

Dann riefen sie die Funktion „Passwort ändern" auf und änderten die Passworte nach Ihrem Gusto. Als dies geschehen war, griffen sie zu den Telefonen und nahmen erleichtert zur Kenntnis, dass sie am Telefon nicht mehr kleben blieben und es anscheinend sogar hygienisch rein war. Sie waren begeistert.

Brown griff zum Telefonhörer und rief ihr Hotel an. Als er die Rezeption am Ohr hatte, blaffte er in den Hörer: „Hallo, Brown aus Zimmer 19 hier. Ich muss Ihnen sagen, dass die Reinigungskräfte, die heute freundlicherweise für uns im Einsatz waren, sich heute Abend im 18 Uhr bei uns vor dem Abendessen bei uns am Tisch melden sollen. Da gibt es noch was zu klären. Und wenn ich Sie schonmal am Ohr habe, gebe ich ihnen mal die Speisewünsche für heute Abend durch. So haben Sie etwas mehr Zeit als gewöhnlich. Ich möchte Sausage Rolls. Ein halbes Dutzend bitte und zur Nachspeise einen Crumble mit Vanille Sauce." Dann reichte er Jones den Hörer und der bestellte für sich: „Zur Hauptspeise Roast Beef mit Cumberland Sauce und zum Nachtisch Lemon Curt Tartelles, eine mit Erdbeeren, eine mit Himbeeren. Wenn Sie alles aufgeschrieben haben, legen wir jetzt auf, bis später." Dann reichte Jones den Hörer wieder an Brown, der auflegte, und beide verließen zufrieden das Büro.

Sie strebten direkt zum Tresen und winkten sich einen Hemdträger herbei. Brown hielt ihm seinen Ausweis unter die Nase und verlangte umgehend den Schlüssel für das Büro, welches jetzt das mit Abstand sauberste Büro im ganzen Polizeirevier war.

Der Hemdträger wusste nicht, was er machen sollte. Da fauchte ihn Jones an: „Reichen Sie den Schüssel rüber, wir haben nicht den ganzen Tag Zeit und es ist alles geklärt. Wollen Sie Stress machen? Kein Problem, können wir morgen klären."

Da schluckte der Hemdträger ging in ein Büro und holte zwei Schlüssel hervor, die er den beiden reichte. Die griffen zu, drehten sich wortlos um und verschwanden aus dem Revier, stiegen in ihren Range Rover und machten sich auf den Weg in ihr Hotel.

Unterwegs ließ Brown an einer Bankfiliale der Royal Bank of Scotland anhalten. Er meinte, er müsse Geld abheben, dann verschwand er im Schalteraum und nach ein paar Minuten kehrte er zurück und es ging weiter. Sie waren recht zufrieden und wühlten sich durch den Innenstadtverkehr.

Nach 35 Minuten, es war inzwischen 17.15 Uhr, erreichten sie endlich den Hotelparkplatz und Jones stellte den

Wagen neben den von Brown ab und beide machten sich auf den Weg zur Rezeption. Heute saß dort eine ältere rothaarige Lady, die wohl wusste, dass die beiden recht schwierige Herren waren.

Sie war sehr freundlich und zuvorkommen und gab ihnen lächelnd die Zimmerkarten und sprach: „Ihr Abendessen ist in Arbeit und wird für Sie um 18 Uhr bereitstehen, die beiden Reinigungskräfte, die Sie zu sprechen wünschen, habe ich für Sie schon dort rechts auf der Couch platziert. Die beiden haben schon lange Feierabend, aber ich hielt es für nötig, sie so lange aufzuhalten, bis Sie die beiden gesprochen haben."

Da lächelte Brown. „Sehr gut, Madame." Er griff seine Zimmerkarte und ging zu der Couch, wo eine ältere und eine junge Frau etwas eingeschüchtert saßen und mit Unbehagen auf die beiden Herren warteten, die jetzt auf sie zukamen.

Als Jones und Brown sich bei den beiden Damen auf zwei Sessel niederließen, rückten diese noch mehr zusammen. Brown sprach die beiden an: „Guten Abend, die Damen. Ich gehe nicht fehl in der Annahme, dass Sie heute Nachmittag das Büro im Polizeigebäude am Crossroad Place gereinigt haben?"

„Ja Sir", antwortete die junge Frau. „Meine Mutter und ich haben unser Bestes gegeben, um Ihnen ein sauberes und wohnliches Büro herzurichten."

Da stand Brown auf und schaute etwas skeptisch: „Und Sie denken, dass Sie dies erreicht haben? Überlegen Sie sich das." Und Brown ging erst mal zu einem Kaffeeautomaten, warf ein Pfund ein, zog sich einen Kaffee und kam mit der Tasse zum Tisch zurück.

Jones schaute etwas pikiert, denn er konnte Brown im

Moment nicht folgen. Er verstand die Nummer einfach nicht.

Brown setzte sich wieder, trank einen Schluck Kaffee und die ältere Dame fragte: „Haben Sie irgendwelche Reklamationen, die unsere Arbeit betrifft. Ist unsere Arbeit nicht zu Ihrer Zufriedenheit ausgefallen? Dann tut es uns natürlich leid und wir entschuldigen uns dafür und werden das umgehend ändern.“ Und sie griff nach der Hand ihrer Tochter, die, wie man sehen konnte, wie Espenlaub zitterte, sie hatte Angst vor dem Gewitter, das wohl aufziehen würde.

Jones wurde langsam etwas ungehalten und Brown fläzte sich in den Sessel und meinte, nachdem er die Tasse fast geleert hatte, flüsternd zu Brown: „Was machst du, ich verstehe dich nicht.“

Da grinste Brown und flüsterte zurück: „Alles gut, wird alles gut.“

Dann fragte er die Damen: „Was bekommen Sie denn so als Stundenlohn, wenn Sie Ihre Arbeit gut gemacht haben und wie viel Zeit haben Sie zwei denn für diese Art von Reinigung gebraucht?“

Da schluckte die Ältere und antwortete: „15 Pfund die Stunde, Sir. Wir waren gut drei Stunden beschäftigt. wenn Sie nicht zufrieden sind, werden wir jetzt aufstehen und ohne Bezahlung gehen.“ Und sie bekam langsam feuchte Augen.

Da stand Brown auf und meinte: „Bitte stehen Sie jetzt sofort auf, meine Damen, sofort.“

Das taten Sie sofort und die Ältere begann zu weinen. Da wusste Brown, dass er es überzogen hatte.

Er ging zu den beiden, baute sich vor ihnen auf und meinte: „Meine Dame, Sie müssen doch nicht weinen, es ist doch alles nicht so schlimm. Sie haben hervorragend gearbeitet, ich bin über alle Maßen zufrieden."

Dann griff er nach ihrer Hand, gab ihr einen Handkuss und bat die beiden, sich wieder zu setzen. Als die beiden verdutzt wieder auf der Couch saßen sprach Brown weiter: „Ich bin absolut begeistert von Ihrer Arbeit und seien Sie mir nicht böse, dieser Stundenlohn ist Ihrer Arbeit nicht würdig. 50 Pfund für die von Ihnen geleistete Arbeit geht gar nicht. Ich werde den Lohn auf das für mich angemessene Niveau heben." Dann stand er auf, holte seine Geldbörse hervor, öffnete Sie und blätterte einige Scheine hervor. Dann bat er die Damen sich zu erheben und er meinte, als er nun neben ihnen stand: „Diesen Lohn halte ich für die von Ihnen geleistete Arbeit für angemessen." Er drückte beiden je 200 Pfund in die Hand.

Mutter und Tochter schauten etwas ungläubig auf die vier 50-Pfund-Scheine in ihren Händen und wussten nicht, was sie sagen sollten. Da meinte Brown: „Gute Arbeit muss gut bezahlt werden. Ihre Arbeit war hervorragend und das muss honoriert werden. Ich bitte Sie, mir nicht böse zu sein, und ich würde mich freuen, wenn Sie, solange wir in der Stadt sind, zweimal die Woche unser Büro reinigen würden, es soll nicht zu Ihrem Schaden sein."

Dann wünschte er den Damen einen schönen Abend und meinte, er melde sich bei der Rezeption, wenn er mal wieder ihren Einsatz benötigt. Dann schob er die beiden Frauen Richtung Ausgang.

Schließlich meinte er zu Jones: „Es ist fast 18 Uhr, lass uns essen gehen."

Also gingen sie wieder an ihren Stammtisch, setzten sich und warteten auf den Ober der Sie bedienen würde.

Nach wenigen Augenblicken kam der Kellner von gestern angelaufen, wünschte einen schönen Abend und fragte nach den Getränken. Beide entschieden sich für ein Guinness und warteten auf ihre Hauptspeisen.

Jones fragte Brown, ob die Behandlung der zwei Putzfrauen denn nötig war, er habe ja bis kurz vor Schluss den Kotzbrocken gegeben.

Da lachte Brown: „Ja, du hast recht. Ich hab wieder den Kotzbrocken raushängen lassen, aber ich hoffe, es am Ende wiedergutgemacht zu haben.“

Dann kam das Essen und es sah köstlich aus.

Die Sausage Rolls, Blätterteigrollen mit Wurstfüllung, von Brown waren schon beim Anblick ein Genuss, aber das Essen war sicher noch viel schöner.

Das Corned Beef mit der Cumberland Sauce, einer Sauce aus rotem Johannesbeergelee, Portwein und Gewürzen von Jones war wohl auf den Punkt. Er konnte es kaum glauben, wie gut es war, so aßen die zwei, bis die Teller leer waren, und waren von dem Essen ganz angetan.

Als die Teller geleert waren und der Ober abräumte, fragte er nach dem Getränk zum Nachtisch. Da entschieden sich die Herren für einen Espresso und während sie auf die Nachspeisen warteten, fragte Jones: „Wie geht es morgen weiter?“

„Ganz einfach“, antwortete Brown und grinste. „Wir gehen ins Büro, morgen ist telefonieren und recherchieren angesagt, wir müssen voran kommen.“

Dann trug der Ober die Nachspeisen auf. Den Crumble mit Vanille Sauce für Brown und die Lemon Curt Tartelles mit Erdbeeren und Himbeeren für Jones. Die Nachspeisen sahen einfach nur köstlich und schmackhaft aus.

Sie verspeisten auch dieses mit Genuss und Brown winkte den Ober herbei und bat um den Beleg, den er gerne und zufrieden abzeichnete. Dann erhoben sich die beiden und gingen in die Bar.

Die attraktive Inderin war wieder da, was Jones sehr freute. Sie überschlug sich vor Freundlichkeit und fragte nach den Wünschen. Jones war heiß auf Gin und bestellte einen Tom Collins auf Gin Basis und Brown tat es ihm nach. Er bestellte einen Gin Gin Mul. Nach dem dritten Drink war für die Herren Schluss und sie gingen zu Bett.

Kapitel 5

Überprüfungen und Angus hat Sorgen!

Am nächsten Morgen machten sich Brown und Jones, nach dem üblichen und viel zu üppigen Frühstück, auf den Weg in ihr Büro und nachdem sie dieses betreten hatten, starteten sie die PCs und begannen mit der Arbeit.

Brown fragte plötzlich Jones: „Ich wollte die Drummonds mal überprüfen lassen, was hältst du davon?“

„Warum?“ erwiderte Jones.

„Ganz einfach, ich muss jede Eventualität bedenken und ich würde gerne alle abchecken wollen“, antwortete Brown.

„Dann mach es“, lachte Jones. „Meinen Segen hast du.“

Also griff Brown nach dem Telefon, rief in London an und ließ sich mit den Kellerasseln verbinden. Die Ermittlungsabteilung wurde im Hauptquartier des MI 5 als Kellerasselbehausung bezeichnet, da sie im fensterlosen Keller saßen und das einzige Licht, das sie hatten, das von Leuchtstoffröhren war.

Als Brown nun einen Abteilungsleiter am Telefon hatte, gab er ihm den Ermittlungsauftrag, die Drummonds aus dem Park Road Way in Rosyth zu überprüfen.

„Bis wann?“, fragte der Abteilungsleiter.

Da überlegte Brown und gab grinsend zurück: „Morgen Mittag, ansonsten kann ich Sie gerne mit Sir Powell verbinden, der wird Ihnen dann was von Dringlichkeit erzählen.“

Da hörte Brown sein gegenüber schlucken und der antwortete: „Ich werde die ganze Ermittlungsabteilung auf die Familie ansetzen, das kriegen wir hin.“

„Ach wenn Sie schon mal dabei sind“, fiel Brown ihm ins

Wort, „dann überprüfen Sie auch gleich noch Archie Harrison, um die 50 Jahre, Lagerist bei Tesco in Rosyth und wohl nach letzten Informationen wohnhaft im Duffy Place 56 in Rosyth. Der ist besonders wichtig. Ich will alles wissen von der Geburt, über die Schule und Ausbildung, einfach alles. Und nun geben Sie Gas, wir hören uns in 24 Stunden wieder und senden Sie uns die Ermittlungsergebnisse per E-Mail an unsere MI-5-Accounts."

Dann legte Brown wortlos auf.

Die beiden Agenten vertieften sich in ihre Arbeit und surften im Internet nach verwertbaren Spuren.

Unterdessen saß Angus Campbell im Büro in Rosyth und war mehr als amüsiert. Im Moment lief alles nicht so rund, wie er ich das wünschte. Der Geheimdienst schnüffelte in seiner Firma rum und der verdammte Brexit könnte ihn ein paar gute Aufträge auf dem Kontinent kosten, die Germans hatten sich schon vorsorglich gemeldet und nachgefragt, wie die Geschäfte denn nach dem Brexit weiterlaufen können, denn raus aus der EU, dann gibt es eine Menge Probleme mit den Behörden und dem Zoll.

Ja, wie geht es weiter, er hatte keine Ahnung.

Da kam ihm eine Idee, er griff zur Gegensprechanlage, an der seine Vorzimmerdame Mrs. Stewart saß, und gab ihr die Anweisung, dass sie ihn mit seiner Schwester Ila in Edinburgh verbinden möge.

Nach zwei Minuten klingelte das Telefon und Angus hörte Ila am anderen Ende der Leitung: „Hallo Schwester, wie geht es dir, alles gut?"

„Ja, Angus, ich versuche, nach vorne zu schauen. Es ist im Moment nicht einfach, seit Vater nicht mehr da ist, aber ich kämpfe mich durch. Was kann ich denn für dich tun,

Angus? Ist was mit den Kids?“

„Alles ok in der Family, ich hab ein Problem mit dem Brexit und ich wollte dich fragen, ob ich deinen Chef Malcolm Mcdonald sprechen kann. Der sitzt ja im Parlament und der hat die besten Informationen. Kannst du mir ein Treffen organisieren, wenn ja, dann suche ich einen Club oder ein Lokal aus. Tust du mir den Gefallen, Schwesterherz?“

Da lachte Ila und meinte: „Ja, mein geliebter Bruder, ich werde dir einen Termin besorgen, besorge du nur einen Termin in Mcdonals Lieblingslokal, dem Number On at The Balmoral Hotel, in der Princess Street 1. Mein Chef liebt es da zu essen, die tragen ihn förmlich durch das Restaurant, er liebt das. Ich denke, ich werde das Treffen buchen und dir den Termin senden. Passt dir das, Angus, und ganz wichtig, willst du es diese Woche noch?“

„So schnell wie möglich, Ila, es ist dringend“, antwortete Angus.

Da fühlte sich Ila unter Druck gesetzt und sie erwiderte: „Ich mache jetzt die Termine mit meinem Chef und dir. Nimm dir die nächsten Abende frei, ich frage den Chef, das Number One und rufe dann zurück.“ Dann legte Ila gestresst auf.

Angus wiederum war zwar nicht gestresst, eher genervt.

Ein paar Minuten später summte die Gegensprechanlage und seine Perle Mrs. Stewart meldete sich: „Bitte nehmen Sie sich heute Abend nichts vor, Ila, ihre Schwester hat im Number One in Edinburgh ein Treffen ausgemacht, seien Sie bitte um 19 Uhr im Number One.“

„Alles ok, Mrs. Stewart, ich werde sicher da sein. Sagen Sie mir um 18:00 Uhr Bescheid. Ich werde jetzt mal versuchen, Pläne durchzuarbeiten, und bitte keine Telefonate, wenn ja, nur die Familie.“ Dann legte er auf.

Gut zwei Stunden Später summte die Gegensprechanlage und Mrs. Stewart meldete Malise, die Mutter von Angus, auf der anderen Leitung. Die nahm Angus natürlich gerne an und er drückte auf den Knopf: „Hey, Mum, was kann Ich für dich tun, wie geht es dir?“

„Danke, Angus, ich versuche, nach vorne zu schauen. Ich muss aber leider sagen, dass dies alles andere als einfach ist. Kann ich dich bitten, morgen gegen 16 Uhr im Alderea House zu erscheinen, wir müssen noch was mit dem Nachlass von Daddy regeln? Ich habe Ila und Davina auch schon erreicht.“

„Wir sehen uns dann morgen, Mum, und Kopf hoch, alles wird gut. Sonst noch was? Wenn nicht, sehen uns, ich muss noch was tun“, antwortete Angus.

Dann legte er auf und arbeitete erst mal weiter.

Gegen 18 Uhr klingelte das Telefon und Mrs. Stewart erinnerte ihn daran, dass er um 19 Uhr einen Termin in Edinburgh hat.

Da griff er zu seinem Handy und sagte seiner Frau Merida Bescheid, dass er erst mal zu Ila nach Edinburgh fahren würde, um dort mit ihrem Abgeordneten zu sprechen. Wenn es zu spät werden sollte, würde er bei Ila übernachten, denn er wisse nicht, ob der Abend nicht etwas alkoholhaltig wird.

Da lachte seine Frau: „Kein Problem, grüße Ila von mir und gutes Gelingen bei deinem Treffen.“

Angus bat seine Frau, den Kids gute Nacht von ihm zu wünschen, und er verabschiedete sich.

Als Merida aufgelegt hatte, rief Angus seine Schwester an und sagte ihr bescheid, das er gleich kommen würde und sie möchte doch bitte Archie heute Nacht mal ausladen, es könnte sein, dass er heute Nacht bei ihr übernachten würde.

Gegen 18:15 Uhr verließ Angus sein Büro und machte sich auf den Weg nach Edinburgh, aber zum Glück kannte er den Weg im Schlaf. Es war kein Problem, pünktlich am vereinbarten Treffpunkt zu sein.

Gegen 19:00 Uhr erschien Angus im Number One und konnte Ila schon in einem gemütlichen Separee im hinteren Teil des Speisesaals sehen. Er winkte ihr schnell zu und ging auf sie zu. Wesentlich moderner, als das Ambiente des Hotels vermuten ließ, großzügig und stylish, empfing ihn das Number One im Basement des Hotels. Ansonsten war der Standard vom Balmoral gesetzt: überaus freundliches Personal, fachkundiger Service, besonders auch vom Sommelier. Man fühlte sich sofort wohl.

Als er bei seiner Schwester ankam, erhob sich ihr Chef Malcolm Mcdonald und die beiden Männer begrüßten sich erstmal und setzten sich dann.

Als alle nun saßen, fragte Malcolm ganz unverblümt: „Was kann ich für Sie tun, Mr. Campbell. Wenn jemand so viel Druck macht, brennt sicher mehr als nur der Weihnachtsbaum, und da Sie der Bruder meiner Perle Ila sind, halte ich es für geboten, zu hören was Sie wollen, also mache Sie mich schau."

Da erwiderte Ihm Angus: „Mir macht der Brexit Sorgen. Wie verhält sich die schottische Regierung, ich brauche Planungssicherheit, was können wir da im Moment bieten?"

Da lachte Malcolm. „Planungssicherheit suchen wir auch, nur mit der Chaosregierung in London ist ja kein Krieg zu gewinnen. Die basteln alle nur an ihrem eigenen Ego und ihrer politischen Karriere, denen ist das Land anscheinend völlig egal."

Da erschien der Ober und er bat um die Bestellungen und er kam nicht, umhin, ihnen das Dinner des Tages anzubieten. Als Vorspeise bot er Jacobsmuscheln an, mit Dressing und dazu einem Gewürztraminer von Schäfer und Fröhlich aus Deutschland aus dem Jahr 2016. Als Hauptgericht offerierte er ein Argyll Lamm an geräucherter Aubergine mit Feta und Wassermelone in Stücken und als Nachspeise würde er eine Käsevariation anbieten. Als Wein bot er den Bandol Cuvèe Classique von 2012 an

Das bestellten die Anwesenden mit vorfreudiger Erwartung. Als der Ober endlich wieder unterwegs war, fragte Angus den Abgeordneten: „Wie soll das jetzt weitergehen? Ich habe Millionen Pfund schwere Aufträge mit Firmen in der EU, wie soll ich diese erfüllen können, wenn es ohne Abkommen aus der EU geht?“

Da sinnierte Malcolm: „Ja, wenn wir gewusst hätten, dass die Engländer 2016 ein Referendum zum Austritt aus der EU anstreben würden, dann hätte sich Schottland bei dem Referendum 2014 sicher anderes entschieden. Die 55% der Schotten, die für den Verbleib im United Kingdom waren, sind die gewesen, die unbedingt in der EU bleiben wollten, darum haben sie für den Verbleib im United Kingdom gestimmt. Jetzt, fünf Jahre später, stehen wir vor dem Scherbenhaufen, das England nach einem völlig chaotisch verlaufenden Referendum aus der EU austreten will. Ich sag nur Nigel Farage und Theresa May, die uns völlig ungewollt aus der EU herausreißen wollen. Das ist etwas, das wir 2014 noch überhaupt nicht auf der Karte hatten, jetzt fliegen wir wegen England aus der EU, aus der Institution, die der Grund ist, dass wir, Schottland, noch immer zum United Kingdom gehören und noch immer nicht unabhängig sind.“

Das fand Malcolm echt eigenartig und Ila fragte: „Wo geht es denn nun hin, Schottland ohne die EU, wie soll das gehen?“

Die Vorspeise wurde gerade serviert und Malcolm antwortete leicht resigniert: „Mittlerweile sind 50% der Bauarbeiter hier in Schottland, die unsere Häuser bauen, die Straßen flicken und die Dächer decken, Arbeitsmigranten auf der östlichen EU, sprich Polen, Tschechien, Rumänien und Russland. Wenn wir aus der EU austreten und die Engländer alle nicht-Engländer und nicht aus dem Commonwealth stammenden Leute ausweisen wollen, bricht in Schottland das Baugewerbe zusammen. Jeder weiß es und niemand tut was dagegen, leider.“

Die Hauptspeise wurde gebracht und Angus fragte unterdessen: „Was gedenkt denn die Regierung dagegen zu unternehmen? Ich weiß nicht, wie es weitergehen soll. Meine europäischen Handelspartner haben wirklich Probleme mit dem Brexit und der Ausgestaltung unserer Geschäfte. Was macht die schottische Regierung gegen den Absturz ins Bodenlose?“

„Gute Frage“, antwortete Malcolm. „Unsere PM, meine verehrte Parteikollegin Nicola Ferguson Sturgeon, ist vehement gegen einen No-Deal-Brexit und sie erwägt weiterhin, Schottland in die Unabhängigkeit zu führen, denn nur so ist Schottland in der Lage, sich ohne Stress und Zoll dem größten Markt der Welt, der EU, zu stellen. Das Geeiere mit dem Spruch, wir verkaufen nach Amerika, ist nichts weiter als eine Nebelkerze, von Trump und May gezündet, die ja wirklich meiner Meinung nach in ihrer eigenen Welt leben, denn auch jetzt schon haben die Amis kaum Waren aus Schottland gekauft, wenn man sie nicht trinken oder essen kann. Also, um es ehrlich zu sagen,

Amerika kann nicht die Lösung für unsere Brexitprobleme sein, denn wer den Backstop ablehnt, bringt das gesamte Gefüge im United Kingdom ins Wanken."

Da fragte Ila: „Was ist denn das Problem mit dem Backstop? Das kann doch nicht so ein Problem sein."

Da lächelte Malcolm und meinte: „Der Backstop ist eine Vertragsklausel im Entwurfstext des Brexit-Austrittsabkommens zwischen dem Vereinigten Königreich und der Europäischen Union. Die Klausel betrifft die Grenze zwischen der Republik Irland und dem zum Vereinigten Königreich gehörenden Nordirland und soll als Rückversicherung wirken, falls nach dem offiziellen Austritt aus der EU, aktuell jetzt am 31. Oktober 2019, beide Verhandlungspartner bis zum 31. Dezember 2020 keine anderweitige bessere Regelung vereinbaren. Die Backstop-Klausel soll verhindern, dass die innerirische Grenze zu einer Außengrenze der Europäischen Union würde, und würde dies dadurch erreichen, dass das gesamte Vereinigte Königreich vorläufig den Binnenmarkts- und Zollregeln der Europäischen Union unterworfen bliebe. Das will aber die englische Regierung nicht, da diese wohl eher an einem harten Brexit interessiert ist. Aber nur durch einen Brexit können Warenkontrollen an der inneririschen Grenze entfallen, da weiterhin auf beiden Seiten gleiche Regeln gelten. Das Abkommen wurde bislang nur vom Rat der Europäischen Union ratifiziert. Die Backstop-Klausel liegt darin begründet, dass Irland bei einem Austritt, sprich Brexit des Vereinigten Königreiches aus der Europäischen Union, wirtschaftlich und politisch besonders stark betroffen wäre. 85% der irischen Warenexporte laufen über die schnelle Transitstrecke, knapp 10,5 Stunden über die Route Dublin-Wales/England-Frankreich ab, unter Ausnutzung der bisher zollfreien Häfen in Holyhead, Liverpool und Calais. Überdies berufen sich sowohl die irische als auch die britische Regierung auf das Karfreitagsabkommen, um den Status quo zu erhalten. Das Karfreitagsabkommen regelte im Wesentlichen die Entwaffnung und politische Zusammenarbeit der Konfliktparteien im nordirischen Bürgerkrieg. Um es einfach auszudrücken, London zündelt am Frieden in Irland und treibt auch die Schotten Richtung eines neuen Referendums und es scheint der britischen Premierministerin May völlig egal zu sein.“

Da schaute Angus von seinem Essen auf und fragte: „Aber was hat das bitteschön alles mit meinen Geschäften in Frankreich und Deutschland zu tun, die mir dann unnötig erschwert werden?“

Da schaufelte sich Malcolm den Rest seines vorzüglichen Essens in den Mund und meinte: „Wenn wir den Backstop kriegen, dann ist alles OK. Wenn sich die Londoner Idioten durchsetzen, versinken wir zumindest für die nächsten Jahre im Chaos, und das Schlimme ist, wir hier in Schottland können nichts dagegen tun.“

Dann hingen sie erst mal ihren Gedanken nach.

Ila fragte dann lapidar: „Wir sitzen als Schotten zwischen allen Stühlen, denn als wir raus wollten, sind wir aus guten gründen geblieben, und jetzt, wo die Karten neu gemischt wurden, müssen wir sehen, wo wir bleiben.“

Da wussten alle am Tisch, dass sie nicht mehr Herr des Verfahrens waren, die Entscheidungen wurden weit im Süden in der Stadt mit dem Tower gemacht und sie waren in Schottland momentan völlig hilflos, was den Brexit angeht. Da beißt die Maus keinen Faden ab.

Und Angus schwante, das er sich dieses Abendessen auch hätte schenken können, denn er war keinen Schritt weitergekommen. Viel verschwendete Zeit und heisse Luft, nichts dabei rumgekommen. Schade.

Sie ließen sich noch die Käsevariationen als Nachtisch kommen und als auch dieses genossen war, meinte Malcolm: „Es war ein wirklich schöner Abend und es tut mir wirklich leid, Ihnen keine bessere Aussichten präsentieren zu können, aber so sieht die Realität im Vereinigten Königreich im Moment leider aus.“

Dann bedankte sich Malcolm bei Angus, wünschte ihm noch einen schönen Abend, grüßte wortlos Ila und verließ den Tisch.

„Na toll“, lachte Angus, „dein Chef hat uns die Zeit geraubt, hat sich von uns unterhalten und durchfüttern lassen und als er satt war, ist er gegangen, und ich darf auch noch die Rechnung zahlen. Wenn alle Politiker so sind, oh mein Gott.“ Er grinste.

Dann winkte er dem Ober und verlangte die Rechnung.

Als diese beglichen war, verließen sie das Restaurant. Angus verabschiedete sich von Ila, denn er hatte kaum etwas getrunken. Da zog er es vor nach Hause zu Frau und Kindern zu fahren. Ila suchte sich ein Taxi und Angus trieb seinen BMW Richtung Heimat.

Gegen 23:00 Uhr war er zuhause und fand Merida lesend im Schlafzimmer vor. Er machte sich noch schnell bettfertig und schlüpfte zu Merida ins Bett und dann kuschelten sie noch eine Weile und schliefen dann zufrieden ein.

Kapitel 6

Brown gibt Gas

Am nächsten Morgen, gegen 10:00 Uhr, betraten Brown und Jones wieder ihr Büro und bereiteten sich auf den neuen Tag vor. Sie starteten die PCs und machten sich auf die Suche nach dem, was sie weiter bringen könnte.

Die Kellerasseln beim MI 5 hatten gut und schnell gearbeitet. Brown und Jones druckten sich das Dosier über die Drummonds und Archie Harrison aus und begannen erst mal zu lesen, was die Kellerasseln ermittelt haben.

Brown griff nach einer Viertelstunde zum Telefon, rief vorne am Tresen an und bat, dass jemand ihnen Tee vorbeibrachte, aber pronto, wie er es immer sagte, wenn er es dringend meinte.

Nach gut fünf Minuten brachte ein Hemdträger zwei Tassen Tee und stellte sie bei den beiden Agenten ab.

Die lasen wortlos weiter und genossen still den Tee.

Nach gut einer Stunde waren alle Informationen gesichtet und Brown begann dann mal mit dem Brainstorming..

„Jones, ich denke die Kellerasseln haben gut gearbeitet“, meinte er grinsend. „Da hat wohl die ganze Asselschar nur für uns gearbeitet, das war ja superschnell und ich denke, wir wissen, woran wir sind.“

Da lachte Jones: „Ja, die Drohung mit Sir Powell hat gewirkt, das zieht in dieser Situation immer. Lass uns jetzt mal rekapitulieren, was wir mit diesen Infos anfangen können. Lass uns mal am Anfang an beginnen.“ Und er legte dabei auch den Schnellhefter mit den Daten der Campbells auf den Tisch.

„Lass uns mal alles durcharbeiten, was wir haben“, meinte er.

Also begann Brown mit den Campbells: „Die Campbells sind als Familie eher unverdächtig. Die alte Dame ist unverdächtig, da nicht mehr in der Firma, die Schwerstern in der Firma nicht anzutreffen und der neue Firmeninhaber Angus Campbell hat inzwischen so viele Geschäfte angeschoben, da wäre es meiner Meinung nach völlig absurd, jetzt auch noch für die Russen zu spionieren, der fällt also, denke ich, auch raus."

„Du meinst also, dass der Maulwurf nicht bei den Campbells sitzt", meinte Jones. Aber du hast recht, selbst die Finanzen der Campbells sind über alle Zweifel erhaben, Alderlea House, der Familiensitz abgezahlt, der Neubau der Firma über gute Kredite und noch bessere Aufträge mehr als seriös finanziert. Angus hat gut gewirtschaftet und sein Familiensitz ist zwar noch nicht bezahlt, aber als Brite sind Schulden für ein Haus keine Schulden, sondern eher ein notweniges Übel, wir sind ja schließlich ein Land der Hauseigentümer. Die Schwesten Ila und Devina leben bescheiden in ihren kleinen Mietwohnungen, haben gute bis sehr gute Einkommen und haben noch nie aktenwürdige Übertretungen begangen. Davina ist eine beliebte Radioredakteurin, macht Features für das Radioprogramm, Single, und hat bei der Stadt Edinburgh einen Hund angemeldet, der wohl Addy heist. Ila ist politisch sehr aktiv, ist in der SNP der Scottish National Party, ihr Chef, Malcolm Mcdonald, ist Abgeordneter für den Wahlkreis Edinburgh North and Leith. Das Einzige, was man Ila vorwerfen kann, ist, dass sie mit Archie Harrison, einem Mann, der wohl nicht dem Stand der Campbells entspricht, liiert ist. Die Campbells sind das, was man hier in Schottland den Rahm nennt, die großen, wichtigen und einflussreichen Familien, die schon immer wussten, wie man im Leben vorankommt."

Dann endete Jones, nahm eine Schluck Tee und griff dann zum Telefonhörer um neuen Tee zu bestellen.

Brown nickte anerkennend. „Gut zusammengefasst, Jones, hätte ich nicht besser machen können."

Dann klopfte es an der Tür und ein Hemdträger brachte zwei neue Tassen Tee, und als er verschwunden war, begann Jones jetzt, die Drummonds zu analysieren.

„Die Drummonds wohnen wohl seit 20 Jahren als Nachbarn der Campbells im Park Road Way. Wie zu erfahren ist, haben die Familien engen Kontakt, der nicht nur privat, sondern, wie es aus den Informationen zu ersehen ist, wohl auch geschäftlich ist. Den Vater Brandon Drummond haben wir ja bei Babcock als Repair Manager kennengelernt, sehr selbstbewusst, teilweise ein wenig überheblich, aber vielleicht kann er sich das ja erlauben. Seine Frau Catroina arbeitet für die Stadt Rosyth im Business Center und vermittelt Büros, Lagerflächen und Baugrund. Beide haben keine Geldprobleme, die Konten sind weit im schwarzen Bereich, sie waren immer gut beschäftigt und haben nie über ihre Verhältnisse gelebt, so kann man sich auch heute noch was aufbauen. Die Doppelhaushälfte in der Park Way Road ist abgezahlt, da hat Brandon zur richtigen Zeit zugegriffen und konnte die zweite Haushälfte gut und günstig abgreifen. Die älteren Söhne David und Duncan wohnen in der zweiten Doppelhaushälfte und haben jeder einen Autokredit, sonst keine weiteren Schulden. Na ja, ein Auto sollte man kaufen und Spaß haben und es nebenbei abzahlen. David arbeitet im Arrol House im Rosyth Europarc bei Highland Systems, einem Spezialsoftware-Entwickler. Da, denke ich, müssen wir nachhaken, ob auch die Naval Electronis Systems Rosyth geschäftliche Beziehungen zu

Highland Systems unterhält. Irgendwie würde mich das nicht wundern, wenn die zusammenarbeiten würden. Duncan, der mittlere Sohn der Drummonds, ist im Staatsdienst unterwegs, Berufssoldat mit guten Perspektiven. Er arbeitet als Flugzeugtechniker für die Royal Air Force, er ist auf der RAF Air Base Lossiemouth stationiert und ist nach einer Weiterbildungsmaßnahme jetzt auch für den neuen Typhoon zuständig. Eine untadlige Führungsakte, freundlich, zuverlässig und bis auf ein paar Tickets für zu schnelles Fahren eine blütenweiße Weste. Und der jüngste der Drummonds fällt meiner Meinung ganz raus aus der Nummer. Geht auf eine gute Privatschule, wird aber als etwas uninspiriert und tendenziell unwillig bis faul angesehen, ihn interessieren Computerspiele und Netflix mehr als gute Noten und Karriere."

Damit endete Jones und Brown erwiderte: „Eine wirklich normale, wenn auch gut situierte Familie. Du hast recht, Jones, es ist gut, dass wir ein Team sind. Du kannst alles so wundervoll zusammenfassen, perfekt."

„Ein Kompliment von dir, Brown, das geht ja runter wie Öl, aber wenn ich so schön in Fahrt bin, kann ich dann auch noch Archie auseinandernehmen, der scheint für uns mehr als interessant zu sein."

„Immer doch, Jones, gib Gas, ich bin ganz Ohr."

Also holte Jones Luft und legte los: „Archie Spencer Harrison wurde 1964 in Birmingham geboren. Hat die Comprehensive School in Shard End besucht und die Grundschule ohne besondere Leistungen verlassen. Ab 17 Jahren arbeitete er dann in verschiedenen Berufen in Birmingham und in den Midlands, also eine typische Arbeiterkarriere. Anfang 2000 fing Archie Harrison bei Mercedes Benz Parts Logistics in Milton Keynes an. Hat da wohl recht gut verdient, was mehrere Fahrzeuganmeldungen aus dieser Zeit belegen, aber er hat 2011 den Job gekündigt, um nach Schottland zu gehen. Ich denke, das hat was mit Ila Campbell zu tun, aber das können wir ja noch herausbekommen. 2011 zog Archie also nach Rosyth in den Duffy Place 56 und schlägt sich seitdem mit mehr oder weniger schlecht bezahlten Jobs durchs Leben. Er hat einen sehr alten Geländewagen, in Schottland ist ein Geländewagen schon gut, aber 25 Jahre sind schon fast historisch. Er ist jetzt mitte 50 Jahre alt und hat bei der Royal Bank of Scotland nur ein Guthabenkonto, eine Bankkarte, aber keine Kreditkarte. Schulden hat er nicht, aber auch kein Guthaben, er kommt, wie man so schön sagt, gerade so über die Runden. Um es mal etwas zynisch zu sagen, von allen Verdächtigen, die wir hier durchgearbeitet haben, der Campbells und den Drummonds ist wohl Archie Harrison derjenige, der sich schon sehr von allen anderen abhebt, den werden wir im Auge behalten müssen. Er passt in diese Highlandclans wie ein Pickel auf einen Frauenpo. Wie du schon sagtest, Brown, Archie ist das perfekte Opfer, um von einem ausländischen Agenten umgedreht und abgemolken zu werden. Gib dem ein paar Pfund und der besorgt dir alles, denke ich."

Da schaute Brown ein wenig missmutig. „Du hast ja recht, Jones, nur müssen wir das aber auch beweisen, aber da baue ich auf unsere Erfahrungen und die Unbedarftheit von Mr. Harrison, denn der ist ein Amateur und kein Profi, wie wir. Jetzt haben wir eine Zielperson, Da müssen wir dranbleiben. Lass uns mal Angus anrufen, der könnte uns ja was erzählen."

Da meinte Jones: „Warum sollte dir Angus denn was am Telefon erzählen, der hat genug Probleme, glaub mir."

„Ach, Mensch, Jones, das hat was mit Psychologie zu tun, Angus Campbell weiß inzwischen, wer wir sind, er kennt uns persönlich, kennt unsere Befugnisse, und wenn ich ihn jetzt anrufe und Fragen stelle, ist immer noch eine Distanz zwischen uns, das Telefon, da werden die Leute lockerer und sagen Dinge, die sie, wenn wir vor ihnen sitzen würden, nicht sagen würden. Glaub mir, das klappt immer."

„OK, Brown, dann ruf an, das Gespräch führst aber du, ich höre zu."

„OK", meinte Brown und er griff sich den Telefonhörer und rief bei Angus Campbell an. Er landete bei seiner Vorzimmerdame Mrs. Stewart. Als sie seinen Namen hörte, stellte sie Brown sofort durch.

Am anderen Ende meldete sich Angus und Brown legitimierte sich und fragte ob Angus ein paar Minuten für ein paar Fragen habe.

„Sicher doch", meinte Angus, „was kann ich für Sie tun?"

Da sprach Brown: „Wir, ich und mein Kollege Jones, der mithört, wollen von Ihnen wissen, was Ihnen die Firma Highland Systems sagt und ob Sie mit dieser Firma Geschäfte machen."

„Ja, natürlich kenne ich die Firma Highland Systems. Sie schreiben Computerprogramme für uns, Es ist für mich billiger, solche Aufträge nach außen zu geben."

Da hakte Brown nach: „Dass in der Firma Highland Systems auch Ihr Nachbar David Drummond arbeitet, wissen Sie doch sicherlich, Mr. Campbell."

Da lachte Angus am Ende der Leitung und antwortete vergnügt: „Natürlich weiß ich das und was ist denn schöner, als Freunde der Familie in ein Geschäft einzubinden, das uns beiden hilft? Für mich macht es keinen Sinn, das Computer-Know-How hier in der Firma anzusiedeln, viel zu teuer, so gebe ich Aufträge nach außen, und wenn ich damit Freunde und Nachbarn unterstützen kann, ist das legitim und auch verständlich, denke ich."

Da antwortete Brown entspannt: „Das steht Ihnen selbstverständlich frei, Geschäfte zu machen, mit wem Sie auch immer wollen, denn es ist ja am Ende zum Guten für das United Kingdom. Aber eine andere Frage, was können Sie uns zu Archie Harrison sagen, der ist interessant für uns. Erzählen Sie uns alles, was Sie über ihn wissen, wenn Sie so freundlich wären."

„Archie Harrison, was haben Sie denn mit dem? Das ist ein kleiner harmloser Malocher, der außer Arbeit in seinem ganzen Leben nichts getan hat."

Da wusste Brown, dass er Angus an der Angel hatte. „Wenn er so harmlos ist, erzählen Sie uns doch was von ihm."

„Ach, wissen Sie", meinte Angus", was meine Schwester Ila an dem Typen findet, verstehe ich nicht wirklich. Die haben sich im Internet kennengelernt. Er ist etwas prollig, man könnte auch dümmlich und der ewige Malocher sagen. Gib ihm einen Haufen Sand und eine Schaufel und sag ihm, schaufel den Sand auf die andere Seite. Wenn das erledigt ist, sag ich, das gefällt mir nicht, schaufel es wieder zurück, dann tut er auch das. Er ist der geborene Befehlsempfänger, etwas tumb, aber nützlich."

Da rief Jones in das Gespräch: „Seit wann bringt denn Archie Einkäufe in Ihre Firma, Mr. Campbell?"

Da überlegte Angus einen Moment und antwortete: „Archie hat im April 2018 bei Tesco angefangen und ich denke, irgendwie hat es sich über den Sommer 2018 eingespielt, dass Archie uns Einkäufe in die Firma bringt. Wenn er pro Lieferung im Durchschnitt 500 Pfund hatte, konnte er sich da immer 100 Pfund einstecken, kein schlechter Verdienst für jemanden, der knapp 1000 Pfund im Monat verdient."

„Wie oft liefert er denn?", fragte Brown

„Im Durchschnitt alle 14 Tage, die normalen Einkäufe werden ja auch weiterhin normal abgewickelt."

Da fragte Jones mal ganz unverblümt: „Was halten Sie denn persönlich von Archie Harrison?"

Da holte Angus Luft: „Na ja, dass Archie nicht wirklich in eine Akademikerfamilie passt, verwundert ja nicht. Er ist etwas naiv gestrickt, hat außer Arbeiten nichts gelernt und getan. Während wir bis 30 Jahre studiert haben, war der mit 30 Jahren schon mit zwölf Arbeitsjahren körperlich fast verschlissen und fertig. Der kann einfach nichts anderes außer arbeiten, und wenn wir ehrlich sind, Archie ist doch nun wirklich nicht die hellste Kerze auf der Torte, aber er findet immer irgendeinen schlecht bezahlten Job, um am Ende des Monats seine Miete und die Nebenkosten decken zu können. Für uns sicher nicht erstrebenswert, aber für Leute wie Archie reicht es schon, ihre Kosten zu decken und über den Monat zu kommen. Fragen Sie nicht, wann der Typ das letzte Mal in Urlaub war, ich meine, ein oder zwei Wochen, muss schon ewig her sein, denn bei dem Verdienst ist ein Urlaub nur noch im Garten bezahlbar, das verstehe ich gut. Aber wenn Ila zu ihm steht, werde ich einen Teufel tun, um ihr oder Archie Steine in den Weg zu legen. Das muss wohl Liebe sein."

Da stellte Brown die Frage aller Fragen: „Würden Sie Archie zutrauen, Pläne und Blaupausen unter der Hand zu besorgen und weiterzugeben, Mr. Campbell?"

Da erwiderte Angus recht schnell: „Zutrauen würde ich es Archie nicht, denn ich denke, er würde uns nie schaden wollen, aber andererseits weiß ich nicht, wie tief man sinken muss, um gestohlene Pläne weiter zu geben. Ich weiß nicht, wie verzweifelt man sein muss, um sich an ein fremdes Land zu verkaufen, und, was noch wichtiger ist, ich weiß nicht einmal, ob Archie schon verzweifelt genug ist, diesen Weg zu gehen.“

Da hatten die Agenten mehr gehört, als sie sich eigentlich zu hören erhofft hatten. Es war ein interessantes und sehr wichtiges Gespräch für Brown und Jones, darauf konnten sie aufbauen. „Danke für das informative Gespräch, Mr. Campbell und ich bitte Sie, nichts von diesem Gespräch an andere Personen weiterzugeben, das könnte unsere Arbeit erschweren und andere vielleicht warnen. Bitte halten Sie sich in Gesprächen mit Freunden, Mitarbeitern und der Familie über das, was Sie mit uns hier heute besprochen haben, zurück, denn dieses Gespräch war vertraulich und sollte es auch bleiben.“

Dann verabschiedete sich Brown und legte auf, denn noch länger wollte er das Gespräch auch nicht ausweiten, denn mehr würde er nicht mehr herausbekommen, aber das, was er gehört hatte, war nicht schlecht für ein Telefongespräch.

Kapitel 7

Stress bei den Campbells

Am Nachmittag versammelte sich die Familie Campbell in ihrem Elternhaus, dem Alderlea House, in dem Ila, Angus und Davina aufgewachsen waren.
Malise, die Mutter, hatte Tee und als Snacks Scones und Shortbreat vorbereitet.

Als nun alle trotz des nicht wirklich schönen Anlasses im Kaminzimmer zusammen zusammen saßen, Begann Malise zu sprechen und meinte: „Schön, dass wir hier mal wieder zusammen sitzen, wo wir doch so schöne Stunden verlebt haben. Es waren auch schwere Zeiten für uns, für mich genauso wie für euch, das ganze Haus atmet ja noch Hamish aus und es ist für mich wirklich nicht einfach, mit der Situation fertig zu werden."

Da ergriff Ila die Hand ihrer Mutter und meinte: „Wir sind doch immer bei dir, wir müssen den Verlust doch genauso verarbeiten wie du, das können wir doch zusammen machen."

Da fing Malise leise an zu weinen und Ila versuchte sie zu trösten. Nach einer Weile des Schweigens fragte Angus etwas ungeduldig: „Warum sind wir hier? Ich habe eine Menge Arbeit und noch mehr Ärger im Moment, was also, außer das wir Tee trinken, machen wir hier."

„Du kannst doch ruhig mal weniger an die Firma und die Geschäfte denke und mal ein paar Stunden mit uns verbringen", fauchte Davina ihn an.

„Ist schon gut Schwesterherz", grinste Angus. „Du bist heute ja ganz schön temperamentvoll, bist du als Rächer der Witwen und Waisen unterwegs?"

Da stichelte Ila: „Was hast du wieder für eine miese Laune, Angus, welche Laus ist dir denn über die Leber gelaufen? Die muss ja ganz schön groß gewesen sein, mein geliebtes Bruderherz.“

„Ach, Ila, die erste Laus war dein verehrter Chef, der es wirklich geschafft hat, uns zwei Stunden lang Dinge zu erzählen, die wir alle schon kannten und wussten und sich dabei ganz entspannt auf Lau den Bauch vollgeschlagen hat“, lachte Angus. „Und die andere Laus ist mir in Gestalt von zwei Mitarbeitern der Regierung über die Leber gelaufen, die mir seit Tagen auf den Geist und die Nerven gehen.“

„Die Regierung? Was will denn die von dir?“, fragte Malise

„Ja, was wollen die von mir, das frage ich mich auch, aber keine Sorge, ich kriege das schon hin. Die hören auch wieder auf zu schnüffeln.“ Und Angus schenkte sich erst mal Tee nach. „Warum treffen wir uns hier denn nun, ich denke, mit dem Erbe war schon vor dem Ableben von Daddy alles geklärt“, meinte er dann. „Darum hat mich die Einladung ja auch etwas verwundert. Ich würde auch gerne mal wieder einen Nachmittag mit meiner Frau und meinen Kids verbringen, als wieder mal erst gegen Abend oder in der Nacht nach Hause zu kommen.“

Da meinte Malise spitz: „Ich wollte euch einfach mal wieder hier haben und euch dann auch gleich noch jemanden vorstellen. Ich dachte, die Zeit ist reif für neue Wege und einen Neuanfang.“

„Du sprichst in Rätseln, Mutter, das macht mir Angst“, meinte Ila. „Neuanfang und so hört sich ganz schön Radikal an.“

Da klingelte es an der Haustür.

Malise entschuldigte sich und verließ das Kaminzimmer. Wenig später kam sie in Begleitung eines Herrn zurück. Der Mann war den Anwesenden gut bekannt, es war Finley Forrest, ein rüstiger Rentner, gut 80 Jahre alt, der Bruder einer Freundin von Malise und ihnen schon seit ihrer Kindheit bekannt.

Da stand Malise nun mit Finley im Raum und jeder musste jetzt erst mal überlegen, was das nun bedeuten sollte.

Da begann Malise zu sprechen: „Ihr alle kennt Finley, er ist uns, Hamish und mir, in Zeiten der Krankheit eine große Hilfe gewesen, jetzt, nachdem Hamish nicht mehr bei uns ist, versucht mir Finley Stütze zu sein und mich durch die dunkle Zeit zu begleiten."

Dann bat Malise Finley sich mit an den Tisch zu setzen.

„Das ist ja alles schön und gut, Mutter", antwortete Angus, „aber kommst du jetzt bitte zum Punkt an der Sache, was gibt es zu besprechen?"

„Ich wollte mit euch besprechen, wie es in Zukunft weitergehen soll, Angus", antwortete Malise.

Da den Mädels im Moment wohl wirklich nichts mehr einfiel, sie hätten wohl mit vielem gerechnet, nur damit sicher nicht, meinte Angus, das Gespräch an sich zu reißen, und meinte hart: „Kein Problem, Mutter, wir können gerne über die Zukunft reden, dann aber bitte nur wir vier." Und er zeigte dabei auf Finley. „Es ist ja gut, dass er dir gut tut, aber was wir als Familie Campbell zu besprechen haben, sollte unter uns geschehen. Merida, meine Frau, ist ja auch nicht hier, selbst der Kostgänger von Ila, Archie, hat so viel Anstand besessen, hier nicht aufzutauchen, wo er doch sonst gerne da ist, wo er was schnorren kann."

Dann endete Angus erstmal und trank noch einen Schluck Tee.

Malise war konsterniert und wusste nicht, wie sie mit der Situation umgehen sollte. Ila bedachte Angus mit wütenden Blicken, dagegen waren die verstörten Blicke von Malise echt harmlos.

Also erhob sich Malise und bat Finley, ihr zu folgen.

Als beide draussen waren, fuhr Ila Angus an: „Was hat dir Archie eigentlich getan? Immer wieder diese dummen Sprüche über ihn, mal soll er nicht soviel trinken, um später als Kostgänger und Schnorrer abgekanzelt zu werden. Was hat dir Archie denn getan, Bruderherz."

„Nichts, ich sage nur, was ich denke", antwortete Angus. „Muss ja nicht richtig sein, aber ich war ja schon immer so, Schwesterchen."

Dass die Agenten vom MI 5 Archie für einen russischen Maulwurf hielten, behielt er lieber für sich, er hatte sich schon wieder genug Ärger an den Hals geholt.

Wenn Blicke töten könnten, wäre es schwer für Angus gewesen zu überleben, denn die Blicke von Ila waren finster und wütend.

Wenig später kam auch Malise zurück und auch ihr Blick war keine Ausgeburt von Freundlichkeit und sie fuhr Angus an: „Was sollte das, Angus, für wen hältst du dich?"

Da lächelte Angus milde und meinte: „Bitte, Mutter, ich habe nichts dagegen, dass du Stütze brauchst, aber bitte tue nicht so, als könnte dieser Finley plötzlich an deiner Seite den Platz von Hamish einnehmen, das kann er nicht und wird er nie. Die letzte Zeit war für uns alle sehr schwer, da kannst du uns nicht einfach jemanden präsentieren und wir jubeln, nein, Mutter, das geht so nicht, wir sind auch Kinder, die ihren geliebten Vater verloren haben. Da tut so eine Neuorientierung weh, mir eher nicht so, aber deine Töchter sind starr vor Überraschung und Schmerz, das solltest du mal bedenken. Ich habe daher keine Lust und kein Interesse, unsere Familieninterna in Finleys Gegenwart zu besprechen, denn diese gehen ihn gelinde gesagt nichts an. Er war die letzten Jahrzehnte nicht hier, also darf er dir gerne Stütze sein, mehr aber im Moment nicht."

Da stand Malise auf und bat die Kinder zu gehen, sie müsse das jetzt erst mal verdauen. Also erhoben sich die drei und schlichen wie geprügelte Hunde von dannen.

Draussen zischte Davina Angus an: „Du bist ja wie die Axt im Walde, ist dir das eigentlich klar?"

„Was willst du von mir, kleines Schwesterlein? Ihr zwei hängt so an Daddy, dass ihr keinen anderen Mann an Malise' Seite duldet, dss habe ich doch gesehen. Ihr habt euch nur nicht getraut, was zu sagen, der Part blieb wie immer an mir hängen, Mr. Bad Guy sozusagen, aber das war ich ja immer hier. Wir sind eine Familie und wir müssen zusammenhalten, aber es kann nicht sein, dass hier jemand eine Situation erfasst und ausnutzt, es ist schon schlimm genug, dass Ila mit jemandem unterwegs ist, dem ich kaum meinen BMW anvertrauen würde."

Dann setzte er sich in seinen Vorstadtpanzer und verschwand. Davina und Ila standen noch unschlüssig im Vorgarten und Ila meinte: „Ja, er hatte aber auch recht, da präsentierte uns Mutter den alten Finley. Hallo, Daddy ist gerade mal ein paar Tage unter der Erde, ich bin noch völlig entgleist, was meine Gefühle angeht."

Da gab ihr Davina recht, das war auch für sie ein großer Schock, den sie noch lange nicht verdaut hatte.

„Aber irgendwie ist Angus sehr angefressen, der war heute echt auf Krawall gebürstet."

Dann gingen die beiden auch auseinander. Ila stieg in ihren Audi A 3 und Davina in ihren VW Golf.

Dann starteten beide den Heimweg, Davina zu Addy, ihrem Hund, nach Edinburgh und Ila zu ihrem Freund Archie in den Duffy Place.

Nach 20 Minuten Fahrt kam Ila im Duffy Place an und stellte den Audi vor einem Mehrfamilienhaus ab. Archie wohnte im Erdgeschoss und da sie einen Schlüssel hatte, ging sie schon mal in die Wohnung von Archie und machte sich erst mal einen Tee, mit dem sie sich in das kleine Wohnzimmer setzte.

Die Wohnung von Archie war sehr klein, aber Archie meinte immer, er braucht doch nicht mehr, es sei doch nicht weiter als eine Abstellkammer für seine wenigen Habseligkeiten, die er sich in den letzten Jahren erarbeitet hatte. Die ganze Wohnung von Archie passte bequem in den Living Room im Aldera House. Archie verbrachte aber ja die meiste Zeit in Edinburgh bei Ila, da war die Größe der Wohnung für ihn nicht so wichtig. Hauptsache, er hatte ein Bett und die Sachen waren trocken untergebracht.

Als die Tasse schon fast leer war, kam auch Archie nach Hause. Er begrüßte Ila erfreut und fragte, womit er den Besuch denn verdient habe, es komme ja eher selten vor, dass sie ihn in seiner Junggesellenbude besuche.

Da lachte Ila: „Ja, Archie, ich bin selten hier, aber ist alles ok, deine Wohnung ist ja wenigstens sauber“, lachte sie. „Ich war gerde im Aldera House und wir hatten eine sehr schwere Auseinandersetzung mit Malise, sie hat uns Finley als den Fels in der Brandung vorgestellt. Da waren wir doch etwas überrascht. Du kannst verstehen, dass wir damit wirklich nicht gerechnet haben.“

Da setzte sich Archie zu Ila und meinte: „Ja, Maus, was soll ich da sagen, ich bin das schwarze Schaf in eurer Familie. Ich kann mir mit jeder Art von Äußerung nur schaden, aber ich hoffe mal, dass Malise sich gut überlegt, was sie macht, denn sie hat ja auch noch euch und ihr seid doch, denke ich, wichtiger als alles andere. Blut ist immer dicker als Wasser und ihr seid eine Familie. Ihr solltet auch in schweren Zeiten zusammenstehen und zusammenhalten. Und nun lass uns einfach mal in die Stadt fahren und Fish and Chips essen, hab ich schon den ganzen Tag Schmacht drauf", lachte er. „Lass uns in die Fish Bar in der Heath Road fahren, ich lade dich ein"

Da lachte Ila und meinte: „Schön, dass du mich auch mal einlädst und wenn es nur zu Fish and Chips ist."

Also machten sich die beiden auf den Weg, stiegen in Archies alten Geländewagen. „General Grabber" nannte Archie den Rosteimer, nach den grobstolligen Geländereifen, die so hießen, und sie fuhren keine fünf Minuten und Archie stellte den Wagen direkt vor der Frittenbude ab. Sie betraten den Imbiss in dem es neben Fish and Chips auch Kebab, Pizza, Pasta und Burger gab.

Sie setzten sich an einen Tisch und studierten schon einmal die Speisekarte am Tisch. Nach ein paar Minuten kam eine junge Inderin, die nach ihren Wünschen fragte. Archie fühlte sich befleißigt, die Bestellung aufzugeben. Er hoffte, Ila wäre es recht, also bestellte er bei der Kleinen: „Wir hätten gerne die Chippy Munchy Box, dazu bitte ein Root Beer für mich und eine Cola Light für die Dame."

Danach bedankte er sich und als Ihn Ila fragend ansah, grinste er und meinte: „Die Chippy Box ist völlig ausreichend für uns, da sind 2 x Schellfish, 1x Hamburger, 1 x Cheesburger ,1 x Pizza Hot and Spicy, 1 x Rips, geriffelte French Fries, Krautsalat, dazu Brown Sauce und Ketchup plus die Getränke für 19,99 Pfund. Das kann ich mir leisten Ila", lachte er

Da lachte Ila laut auf.

„Wie geht es dir sonst, Ila? Warum habt ihr denn so einen Stress, was geht denn im Moment ab? Du weißt doch, das Leben ist kein Wunschkonzert."

„Ach Archie, wenn das alles so einfach wäre", meinte Ila. „Im Job, sprich, in der Politik, kämpfen wir mit stumpfen Waffen, wir leben von der Hand in den Mund, denn die Musik machen die Engländer, und jetzt bricht Mum zu neuen Ufern auf, das überfordert mich im Moment einfach."

Da nickte Archie und gab Ila recht: „Ja, Ila, das verstehe ich voll und ganz, du hast im Moment einfach zu viel im Kopf. Da kann ich ja froh sein, dass du mich noch erkennst."

Da brachte die Inderin erst mal die Chippy Munchy Box und es war eine ganze Menge Essen für zwei, aber das würden sie schaffen, dachte sich Archie.

Also verteilten sie das Essen auf dem Tisch und die Kleine lief nochmal los, weil sie die Getränke vergessen hatte.

Als auch diese auf dem Tisch standen, prosteten sich beide zu und Archie meinte nur noch: „Ila, meine geliebte Maus, dein Leben ist im Moment echt hart, aber sei dir gewiss, auch ich muss ganz schön Rudern, um voranzukommen. Ich bin doch auch nur der Lagerfuzzy, dem alles vor die Füße gekippt wird und der dann damit klarkommen muss. Du weist ja, wie erschlagen ich manchmal nach Hause komme. Ich hab auch einen verdammt harten Job und das auf einem erschreckend niedrigem Lohnniveau."

Da lachte er auf und sie prosteten sich erst einmal zu und begannen dann das Mahl. Sie pickten überall mal rum, um dann zuerst die French Fries mit Fish zu vertilgen, dann teilten Sie die Burger, jeder bekam je eine Hälfte der beiden Burger. Die Rips durfte Archie allein abknabbern und die Pizza aßen sie in kleinen Stücken langsam auf. Alles wurde mit Ketchup und Brown Sauce veredelt und sie spülten alles mit ihrer Cola und dem Root Beer runter.

Nach gut einer Stunde war das Mahl beendet und zumindest Archie war zufrieden.

Er winkte die kleine Inderin herbei, drückte Ihr 23 Pfund in die Hand und bedankte sich für den guten Service. Dann erhoben sich die zwei, winkten nochmal zu der Bedienung und verließen dann die Fish Bar.

Archie hielt Ila die Tür auf und ließ sie einsteigen, dann umrundete er den Wagen und stieg ein. Dann fädelte er sich ein und fuhr den kurzen Weg zurück in die Duffy Road.

Dort angekommen verschwanden beide in Archies Wohnung und Archie gönnte sich noch einen Scotch und Ila einen Gin. Damit wollten sie das Essen ein wenig magenfreundlich runterspülen.

Dann setzten sie sich aufs Sofa, schauten sich eine Daily Soap an und kuschelten zusammen.

Gegen 23 Uhr gingen sie ins Bett, der Tag war lang und er hatte am Ende zumindest für Ila einen versöhnlichen Abschluss gefunden.

Kapitel 8

Brown und Jones stochern im Nebel

Am nächsten Morgen im Büro von Brown und Jones entwickelte sich eine muntere Diskussion, wie sie denn nun weiter vorgehen sollten, nichts ging richtig voran.

Der Verdächtige war gefunden, jetzt musste er nur noch überführt werden. Aber das war ja wie immer das schwierigste, sonst bräuchte man die Überprüfung ja gar nicht.

Da klingelte das Telefon und als Brown abgehoben hatte, meldete sich am anderen Ende der Leitung Mrs. Petiver, die Vorzimmerdame von Sir Powell. Sie meinte, der Sir möchte die Herren sprechen, sie stelle gleich durch.

Also hörten Brown und Jones es knacken und am anderen Ende meldete sich die gefürchtete Stimme von Sir. Powell: „Guten Morgen, die Herren, ich möchte Sie nur mal um einen kurzen Zwischenbericht bitten, denn Sie sind ja nun seit ein paar Tagen vor Ort. Nun erstatten Sie mir mal Bericht? Was gibt es Neues."

Nachdem sich Jones und Brown von der Überraschung erholt hatten, antwortete Brown: „Wir haben alle Verdächtigen durchleuchtet und es blieb am Ende nur einer übrig und an dem sind wir dran."

Da bellte Powell: „Reden Sie endlich mal Tacheles! Was geht ab? Der MI 6 steht mir auf den Füßen, erzählen Sie mir mehr."

Da rollte Brown mit den Augen und er dachte, ach, was soll das jetzt, wir sind doch noch am Anfang. Also antwortete er knapp: „Der MI 6 hat Monate gebraucht, um nichts zu liefern. Wir sind seit ein paar Tagen dran, also jetzt mal entspannt bleiben, wir lösen das."

Da hörten beide Sir.Powell nach Luft schnappen und er antwortete: „Wer ist jetzt im Fokus und was gedenken Sie zu tun? Ich stehe unter Druck, das bedeutet, Sie stehen noch viel mehr unter Druck, denn wenn es mich zwickt, dann zerreißt es Sie, habe ich mich klar ausgedrückt? Also, was steht an, meine Herren?“

Da antwortete Jones eingeschüchtert: „Wir haben einen Verdächtigen, er passt genau ins Raster, wir müssen ihn nur noch überführen.“

Dann fiel ihm Sir Powell ins Wort: „Dann überführen Sie ihn, sammeln Sie Beweise, brechen Sie bei ihm ein oder hören Sie ihn ab, habe ich mich klar und deutlich ausgedrückt? Ich will ein Ergebnis, das gerichtsverwertbar ist. Geben Sie Gas, meine Herren, sonst weht Sie der Wind ins Bodenlose, ist das klar?“

Da schluckte Brown und Jones, denn das war eine Drohung, die sie so noch nicht gehört hatten.

„Wir geben unser Bestes, Sir. Wir werden Ihnen ein zufriedenstellendes Ergebnis liefern“, antwortete Brown

Das schien Sir Powell zu beruhigen denn er wünschte den Herren ein gutes Gelingen und sie mögen den Maulwurf überführen.

Dann legten sie auf und es war Zeit zum Überlegen.

Da saßen die beiden nun, angezählt vom Chef und mit einer Direktive, die unmissverständlich besagte, schafft mir den Maulwurf her oder ihr fliegt auf die äußeren Hebriden, russische Schiffe zählen, eine nette Strafe beim MI 5. Das war schwer verdaulich, wenn man als Staatsbediensteter meinte, eigentlich ausgesorgt zu haben.

Beide schauten sich etwas ratlos an. Was sollten sie tun und wie ging es weiter?

Brown meinte: „Das war wirklich deutlich. Wie sollen

wir weiter vorgehen, Jones?“

Der Angesprochene überlegte und meinte: „Lass uns Archie weiter in die Zange nehmen, wir müssen doch was finden, was Sir Powell zufrieden stellen sollte. Also wie geht es weiter, Jones, was denkst du dir?“

„Wir brauchen weitere Informationen, wo bekommen wir diese? Ich denke, wir müssen tiefer graben, denn nur oberflächlig hilft jetzt nicht mehr weiter.“

Dann überlegten beide, wer kann etwas über Archie sagen, außerhalb der Familie? Der Arbeitgeber? Aber da Archie nie sehr lange bei einem Arbeitgeber hier in Schottland war, kristallisierte sich eigentlich nur sein Arbeitsverhältnis bei Mercedes Benz in Milton Keynes heraus. Das dauerte über zehn Jahre und endete mit dem Umzug nach Schottland. Da meinten die beiden, da mal ansetzen zu können. Es musste was passieren, koste es, was es wolle.

Da meinte Jones: „Lass uns mal in Milton Keynes bei Mercedes Benz nachforschen, irgendwo müssen wir ja anfangen.“

Dem konnte Brown nur zustimmen und er griff zum Telefon und rief einfach mal in Milton Keynes an. Er verlangte den Chef des Standortes zu sprechen und als er anmerkte, dass er von der Regierung sei, wurde er schnell weiterverbunden. Plötzlich meldete sich am anderen Ende der Leitung ein Herr Berger mit ungewöhnlichem Akzent. Er fragte in aktzentuiertem Englisch, was er denn für die Herren tun könne.

Da erklärte Brown, das sie von der Regierung, sprich, dem MI 5, seien und sich für einen Ex-Mitarbeiter seines Betriebes interessieren.

Da meinte der Mann am anderen Ende der Leitung: „Es mag ja richtig sein, dass Sie wer auch immer sind, nur über meine Mitarbeiter, selbst wenn es Ex-Mitarbeiter sind, rede ich nicht am Telefon. Wenn Sie mit mir über jemanden aus meinem Betrieb sprechen wollen, dann bitte in meinem Büro, denn nur da sehe ich, wer Sie sind und was Sie wollen."

Da schluckten Jones und Brown erst mal und fragten sich, wo der Typ wohl sein Selbstvertrauen hernimmt, um ihnen so einen reinzuwürgen, aber zum Glück schaltete Brown schnell und antwortete trocken: „Ok, Herr Berger, wir sind Morgen bei Ihnen, dann sprechen wir uns wieder."

Da antwortete Herr Berger erfreut: „Sehr gerne, die Herren. Ich wollte immer schon mal Herren vom englischen Geheimdienst kennenlernen. Ich werde den Pförtnern und meiner Vorzimmerdame sagen, dass Sie kommen. Ich bin gespannt, was kommt. Dann verabschiede ich mich jetzt, meine Herren, ich muss noch eine Firma leiten." Dann legte Herr Berger auf.

Da schaute Jones seinen Kollegen Brown fragend an und meinte: „Was soll das heißen, sollen wir nach Milton Keynes reisen, nur um mit diesem Typen zu sprechen?"

„Ja, Jones. Wir werden mal schauen, ob an der Übersiedelung von Archie Harrison nach Schottland mehr steckt als Ila Campbell." Dann führte er weiter aus: „Ich hab mal überlegt, stell dir mal vor, der Archie Harrison wird angeworben und auf Ila Campbell angesetzt. Du weißt ja, sie haben sich im Internet kennengelernt. Könnte er nur das Ziel gehabt haben, dann irgendwie um fünf Ecken herum als vertrauenswürdig zu gelten, da Familienangehöriger, um auch mal an Pläne zu kommen, die der Bruder seiner Freundin in seiner Firma plant und zeichnet?"

Da schüttelte Jones den Kopf und meine sarkastisch: „Brown, du bist ja so was von misstrauisch und deine Gedankengänge und Überlegungen sind so was von absurd und abstrus, dass sie schon wieder wahr sein können. Du denkst wirklich, die ganze Geschichte mit Archie und Ila ist nur eingefädelt, um an Informationen zu kommen? Oh Mann, das ist starker Tobak, mein Lieber."

„Dann müssen wir nur mal weiter überprüfen und vielleicht werden Wir ja fündig. Ich werde jetzt die Flüge für morgen buchen und du schaust dir mal an, wer der Typ mit dem komischen Akzent ist, der uns diese Reise aufzwingt."

Dann recherchierte Brown einen Flug mit Easy Jet, Abflug in Edinburgh 6.30 Uhr und Landung Luton 7.55 Uhr und der Rückflug 13.55 Uhr und Landung in Edinburgh 15.10 Uhr. Da dachte er, ist ja wie eine Fahrt von Windsor nach Primrose Hill, in London, wo er wohnte. Die dauerte genauso lange und war wohl weniger bequem.

Dann buchte er noch einen Mietwagen, einen Jaguar F Pace SVR mit üppiger Motorisierung, denn er wollte die 25 Meilen von Luton nach Milton Keynes standesgemäß bewältigen.

Als er Jones die Flugzeiten nannte, murrte dieser: „Das ist ja drei Stunden vor dem Aufstehen, da müssen wir ja um 5 Uhr aufstehen, das hasse ich."

Da lachte Brown: „Ja, mit dem frühen Aufstehen hast du es nicht so, ich weiß, aber ich wolle rechtzeitig wieder in Edinburgh sein und nicht den ganzen Tag unterwegs verschwenden. Ich habe dir einen Jaguar SVR mit einem 5,0 Liter Kompressor Diesel und 550 PS gemietet, den darfst du gerne fahren und zum Nachmittagstee sind wir wieder in Edinburgh und den zahle ich."

Da ergab sich Jones und freute sich auf den Monsterwagen. Dann begann er zu referieren: „Ich habe jetzt mal über den Herrn Berger recherchiert. Er ist Deutscher, der seit über zehn Jahren Betriebsleiter des Mercedes Benz Parts Logistics Centers in Milton Keynes ist. Der Herr Berger studierte BWL in Stuttgart, BWL wird in Germany Betriebswirtschaftslehre genannt. Er ist also einer, der sich mit Geld auskennt. Er arbeitete dann nach dem BWL-Abschluss, wen wundert es, bei Daimler Benz in Stuttgart und wechselte nach fünf Jahren an das GLC Germersheim. GLC bedeutet soviel wie Global Logistic Center, das ist das Hauptlager für Autoteile von Mercedes Benz in Europa, von da gehen alle Autoteile von Mercedes, PKW- wie LKW-Teile in alle Teilezentren in Deutschland und Europa. Nach weiteren zehn Jahren in Germersheim wechselte er ins LC Hannover, Logistikcenter Hannover, wo er für den Norden Germanys und Skandinavien zuständig war. Nach fünf Jahren in Hannover wechselte er dann nach Milton Keynes in England, wo er wohl gut ankommt und die Umsätze Jahr für Jahr steigern kann. Er ist jetzt Ende 50 und wohnt mit seiner Frau und seinen vier Kindern in einer Gründerzeit-Villa in Newport Pagnall, einer alten Aston-Martin-Betriebs-Villa, die frei wurde, als Aston Martin sein Stammwerk immer weiter aus Newport Pagnall abzog. Gab eine Menge Ärger, was man im Internet verfolgen konnte, als es plötzlich hieß, ein Deutscher zieht in eine alte Aston-Martin-Betriebsvilla, aber die Empörung hat sich schnell gelegt und er wohnt jetzt seit Jahren dort. Er fährt gut fünf Meilen, also knapp zehn Minuten und ist auf der Arbeit., Der weiß also, was gut ist und wie es sich gut lebt. Seine Kinder studierten in Eton, Oxford, St. Andrews und Cambridge, der hat wohl gedacht, er verteilt seine Kinder auf die besten Universitäten auf der Insel, wird dann wohl was hängen bleiben."

Als Jones geendet hatte, erhob sich Brown und meinte:

„Lass uns gehen, ich will nicht mehr. Lass uns mal verschwinden. Ich lade dich zu Fish and Chips ein und dann, denke ich, lass uns aufs Zimmer gehen, wir können ja die Minibar plündern und vorschlafen, wir müssen ja früh raus."

Da erhob sich auch Jones und beide verließen das Büro, Brown schloss ab und dann ging es ab auf den Parkplatz und dann ab in einen Fish-and-Chips-Laden, dem Marini's und sie gönnten sich Fish and Chips.

Danach ging es heim ins Hotel, sie verschwanden in ihren Zimmern und gönnten sich wohl einiges aus der Zimmerbar, dann ab ins Bett, denn um 5 Uhr klingelte der Wecker, sie wollten ja pünktlich abfliegen.

Nach einer kurzen Nacht starteten die beiden dann um 5:45 Uhr mit dem Range Rover von Brown zum Flughafen von Edinburgh.

Brown stellte den Wagen auf dem Parkplatz der Flughafenpolizei ab und meinte zu Jones: „Komm mit, jetzt zeige ich dir, wie man das macht."

Dann stiegen beide aus und betraten schnurstracks das Polizeigebäude, dann baute sich Brown vor dem Tresen auf und hielt dem Mann dahinter seinen MI-5-Ausweis unter die Nase und schnauzte ihn an: „Brown, MI 5, ich habe draußen auf dem Besucherparkplatz meinen Range Rover abgestellt. Wenn sie den anrühren, wird es wirklich schlimm, ist das klar?"

Da schluckte der Angesprochene nur und meinte: „Kein Problem, Sir, der Wagen kann da stehen bleiben, wir passen auf ihn auf."

Das freute Brown und er fragte: „Kann uns einer Ihrer Kollegen zum Gate C bringen, wir haben es eilig und uns läuft die Zeit davon. Also avanti, organisieren Sie einen

Wagen“.

Da griff der Angesprochene nach einem Telefon und nach ein paar Minuten erschien ein uniformierter Beamter, der sie bat, ihm zu folgen.

Draußen stiegen sie dann in eine Vauxhall Astra Kombi. Der brachte die Agenten schnell zu ihrem Gate. Dort angekommen drängelten sie sich an den Sperren vorbei, hielten den Sicherheitsbeamten ihre Ausweise unter die Nase und so waren sie in zehn Minuten an ihrem Abfluggate, was für den normalen Flugpassagier locker mal 45 Minuten liegen lassen kann.

An der Tür aufs Flugfeld baute sich Jones vor dem Sicherheitsbeamten auf und meinte: „Wo ist das Flugzeug nach Luton, wir würden gerne schon mal einsteigen.“ Und er schob das Jackett bei Seite und gab den Blick auf seine Glock frei. „Wir wollen nicht, dass auffällt, dass wir mit Waffe an Bord gehen.“

Da schluckte der Sicherheitsbeamte und wunderte sich, wie es jemand mit Waffe bis zu ihm geschafft hatte. Brown schob ihm daraufhin seinen Aufweis unter die Nase. „Noch Fragen?“

Der Sicherheitsbeamte zeigte auf einen Airbus A 320, der draußen auf dem Rollfeld stand. Er bat die Herren, ihm zu folgen und er brachte sie an die Gangway und wünschte ihnen einen guten Flug.

Da enterten Brown und Jones die Gangway und betraten das Flugzeug und suchten sich ihren Sitzplatz und machten es sich bequem, als plötzlich ein Steward zu ihnen kam und sie fragte, was sie denn da tun würden. Jones streckte ihm die Flugkarte und den MI-5-Ausweis hin und meinte: „Reicht das?“

Da zog auch der Steward seinen Schwanz ein und schlich

wie ein geprügelter Hund Richtung Cockpit.

Die beiden saßen gut eine Viertelstunde da, bis die ersten Passagiere ins Flugzeug kamen und sich lärmend auf die Suche ihrer Sitzplätze machten. Die ganze Prozedur dauerte gut 20 Minuten, bis dann endlich alle saßen, das Licht erlosch und der Flieger mit heulendem Motoren in den Himmel stürmte.

Der Flug war kurzweilig und nach gut anderthalb Stunden schlug der Airbus in Luton auf. Die beiden Agenten machten sich schleunigst auf den Weg, aus dem Flughafen zu verschwinden.

Bei jedem Sicherheitsbeamten, der sich ihnen in den Weg stellte, zeigten sie den Ausweis vor und außerhalb der Sicherheitszone machten sie sich auf den Weg zum Autoverleiher, wo Brown den Jaguar gemietet hatte. Der Verleihvorgang dauerte keine fünf Minuten. Brown legte seine MI-5-Ausweis vor und schob die Kreditkarte rüber, das reichte. Zehn Minuten später stand der Jaguar F Pace SVR in schwarz vor ihnen, das war anscheinend genau nach Jones‘ Geschmack, der war ganz begeistert.

Er ergriff auch gleich den Zündschlüssel und machte sich mit dem Innenraum und dem Navi vertraut. Das ging sehr schnell und Jones gab auch gleich die Adresse von Mercedes Benz Parts Logistics in Milton Keynes ein. Das Verstehen des Navi ging schneller als das Eingeben der Adresse, meinte Jones lachend. Es war Delaware Drive,Tongwell in Milton Keynes Buckinghamhire, MK15 8BA.

Dann schnallten sich beide an und dann ging es los und es war eine wirklich eindrucksvolle Fahrt.

Der Jaguar war mehr als ein schnelles Auto, Jones meinte, das sei ein Tornado Kampfjet in Bodennähe, einfach unbeschreiblich, er war ganz weg von dem Auto.

Nach viel zu kurzer Fahrt, es war knapp 9 Uhr, kamen sie bei Mercedes-Benz Parts in Milton Keynes an und dort meldeten sie sich ordnungsgemäß beim Pförtner an der beschrankten Einfahrt an.

Da kam ein uniformierter Pförtner und schaute zum Auto rein: „Guten Morgen, Sirs, ich möchte Sie bitten, sich gleich nach der Schranke rechts zu halten und vor das Bürogebäude zu fahren, am Haupteingang wird eine Dame auf Sie warten und zu Herrn Berger bringen. Er erwartet Sie."

Dann grüßte er wortlos und machte seinem Kollegen im Häuschen das Zeichen, die Schranke zu öffnen. Als diese offen war, gab Jones vorsichtig Gas, denn der brodelnde Vulkan, den sie fuhren, war nicht wirklich für Schrittgeschwindigkeit gebaut.

Als Sie vor dem Haupteingang hielten, sahen sie schon eine Dame, die wohl ihre Kontaktperson war, also stiegen sie aus, legitimierten sich und die Dame deutete ihnen, ihr zu folgen. Also gingen sie durch ein Treppenhaus und nach ein paar Minuten lieferte die Vorzimmerdame die beiden beim LC-Leiter Berger ab.

Der saß stark ergraut und drahtig hinter seinem Schreibtisch und erhob sich sofort, als die beiden Männer das Büro betraten. Herr Berger kam auf die beiden Agenten zu, gab ihnen die Hand und bat sie, auf den Sesseln vor dem Schreibtisch Platz zu nehmen. Er verschwand wieder hinter seinem Schreibtisch und bat die Herren, zu sagen, was sie auf dem Herzen hatten.

Da begann Brown: „Sir Berger …"

Da rief Berger: „Herr Berger bitte, alle hier am Standort nennen mich Herr Berger, bitte halten auch Sie sich daran. Ich bin ja nicht adelig."

Da rollte Brown mit seinen Augen und fing zähneknirschend wieder an: „Also, Herr Berger, wir hätten gerne Informationen über einen Ex-Mitarbeiter Ihrer Firma und wir wären Ihnen dankbar, uns zu helfen.“

„Gerne, meine Herren. Wer ist es, ich werde mein bestes tun.“

„Es geht um Archie Harrison, der von Anfang 2000 bis 2011 hier in diesem Betrieb beschäftigt war. Wir möchten gerne alles wissen, was Sie uns über Archie Harrison und seine Zeit hier im Mercedes-Benz Parts Logistics Milton Keynes sagen können.“

Da griff Herr Berger zur Gegensprechanlage und gab seiner Vorzimmerdame die Anweisung, die Personalakte von Archie Harrison zu besorgen. Dann erhob er sich und meinte: „Meine Herren, wie wäre es mit einer Lagerführung, damit Sie wissen, worum es geht.“

Na ja, Lust hatten Brown und Jones sicher nicht, aber sie erhoben sich und folgten Herrn Berger aus dem Gebäude in eine große Halle. Als sie die Halle betraten, begann Herr Berger zu erzählen: „Unser Teil Logistics Center verwaltet den Vertrieb und die Logistik aller von Mercedes-Benz zugelassenen Teile in Großbritannien. Das Lager erstreckt sich über eine Fläche von rund 200.000 Quadratmetern und grenzt an das Hauptbürogebäude von Mercedes Benz in Milton Keynes an. Über 300 Händler auf den Kanalinseln, in Nordirland und auf dem britischen Festland und der Republik Irland werden von uns beliefert.“ Dann zeigte er auf die lange Torreihe und meinte: „Hier gehen jeden Tag 58 Lastkraftwagen der 38-Tonnen-Klasse ab, um unsere Teile überall im Vereinigten Königreich auszuliefern. Auch bekommen wir in der Woche über 200 LKWs aus Germersheim in Germany als Teilelieferungen. Wenn das Chaos mit dem Brexit kommt, möchte ich mir jetzt noch gar nicht vorstellen, was passiert, wenn es dann plötzlich wieder Zollformalitäten gibt, darum versuche ich das Lager bis unter die Decke zu bevorraten. Die Lieferungen werden hier umgeschlagen und weitergeleitet."

Dann liefen sie weiter durch die Hallen, überall fuhren Gabelstapler, eine Bandförderanlage transportierte Behälter unter der Decke durch die Halle und überall herrschte geschäftiges Treiben. Da kamen sie in eine Nebenhalle, dazu erklärte Herr Berger: „Das hier ist die Halle der Reklamationen und Rückkäufe, genau hier hat Archie Harrison über zehn Jahre lang gearbeitet und er war wirklich einer der Besten, den wir hier hatten, fuhr Stapler, war am ELS – European Warehouse System-Warenwirtschaftssystem – perfekt und war ein guter Teamplayer. Es war ein Verlust der Abteilung, als er kündigte, denn damit hat niemand gerechnet. Er hatte einen Daimler-AG-Vertrag, also eine Verbeamtung bei Daimler, mit Mitarbeiterfahrzeugen, Weihnachtsgeld, Urlaubsgeld und Betriebsrente. Es hätte keiner gedacht, dass der tatsächlich kündigt."

Dann gingen die drei wieder zurück in das Büro von Herrn Berger.

Als sie dort wieder angekommen waren und Platz genommen hatten, orderte Herre Berger Tee und öffnete dann die Akte, die vor ihm auf dem Schreibtisch lag. Als der Tee vor ihnen stand, meinte Brown verwundert: „Sie können sich ja noch sehr gut an Mrs. Harrison erinnern, der muss ja Eindruck bei Ihnen hinterlassen haben."

„Oh ja", lachte Herr Berger. „Ich war noch kein Jahr hier, da wollte er mich, speziell Daimler in Milton Keynes, verklagen, das bleibt in Erinnerung."

Da wurden Brown und Jones plötzlich hellhörig: „Verklagen, erzählen Sie uns mehr", meinte Jones, „hört sich ja interessant an."

„Das ist nicht so wild, wie es sich anhört", antwortete Herr Berger lachend: „Ich war noch nicht so lange hier Betriebsleiter, als mir ein Brief von Archie Harrison auf den Tisch flatterte, in dem er um eine Bescheinigung bat, die besagte, er wäre jetzt seit über zehn Jahren nicht einen Arbeitstag krankheitsbedingt ausgefallen und das möchte er bitte jetzt von der Daimler AG bescheinigt haben. Sie können sich denken, dass ich das erstmal bei Seite geschoben und mich um Wichtigeres gekümmert habe."

„Hört sich irgendwie eigenartig an", meinte Brown.

Da lächelte Herr Berger und fuhr fort: „Gut 14 Tage später bekam ich den nächsten Brief von Mr. Harrison, in dem er mir androhte, dass er die Bescheinigung einklagen würde. Da war bei mir natürlich Ende Gelände. Ich ließ mir den Herrn ins Büro kommen. Gut 15 Minuten später saß er da, wo Sie jetzt sitzen, in einem schmuddeligen Blaumann und Sicherheitsschuhen und schien überhaupt nicht nervös zu sein, was mich wiederum nervös machte. Er schien schon mit dem ganzen hier Abgeschlossen zu haben. Ich fragte ihn also, was das alles sollte, was er hier aufstellen würde, worauf er antwortete, er habe ein Recht auf die Bescheinigung, denn es gebe nur wenige Arbeiter, die es schaffen, zehn Jahre lang ohne eine Krankheitstag durchzukommen. Diese Bescheinigung könne sehr wichtig für ihn werden. Ich fragte nach, warum denn, darauf Mr. Harrison, wenn er zu seiner Freundin nach Schottland gehe und darum den Job wechseln müsse, könne diese Bescheinigung sehr nützlich sein. Ich war erstmal etwas überrascht, denn da hörte ich zum ersten Mal, dass Archie Harrison gehen wollte und das sogar akribisch plant. Also griff ich zum Telefon und rief die Krankenkasse von Mr. Harrison an, wie Sie sich denken können, es war die Betriebskrankenkasse von Mercedes Benz. Ich fragte also, wie oft war Archie Harrison krank in der Zeit, wo er für die die Firma gearbeitet hat und da erwiderte mir die Sachbearbeiterin, die ich, nebenbei gesagt, sehr gut kenne: Nie, Herr Berger, der ist seit elf Jahren ohne einen Fehltag, Selbst bei einem Unfall mit seinem Auto hat er sich nicht krank schreiben lassen, sondern hat Urlaub genommen. warum fragen Sie? Alles gut, wollte ich nur wissen, antwortete ich und legte auf. Archie Harrison saß mir gegenüber und hatte ein wirklich widerliches süffisantes Lächeln aufgesetzt und ich war einen Moment in Gefahr, meine deutsche Contenance zu verlieren, aber ich riss mich zusammen und meinte zu Mr. Harrison: Sie werden Ihre Bescheinigung bekommen. Bitte verlassen Sie jetzt mein Büro. Archie Harrison stand auf, bedankte sich höflich und ging wieder und ich hatte irgendwie das Gefühl, dass der Schwanz mit dem Hund gewedelt hat, wenn Sie verstehen, was ich meine. Zwei Monate später kündigte Archie Harrison und ließ alles hier zurück, wofür viele andere Engländer töten würden, das spülte der einfach zum Klo hinunter."

Das war eine Geschichte, die Brown und Jones so auch nicht erwartet hätten. Was sollten sie davon halten?

Da fragte Brown vorsichtig: „Können Sie sich vorstellen, dass Archie Harrison Informationen besorgt und sie, sagen wir mal, an Dritte weitergibt?"

Da nahm Herr Berger einen Schluck Tee und erwiderte: „Wenn ich nach dem Blick gehen würde, den mir Archie Harrison zugeworfen hat, nachdem ich ihn aus meinem Büro gebeten habe, traue ich ihm wirklich alles zu, denn diese Kaltschnäuzigkeit hätte ich bei einem kleinen Lageristen nicht erwartet. Das hat mich wirklich beeindruckt und auch verunsichert. Ich als Deutscher bin es ja gewohnt, in England gewisse Reaktionen hervorzurufen, aber diese Art von Reaktion hatte nichts mit meiner Nationalität zu tun. Das was einfach nur gefühlskalt, denke ich, der hatte ein Ziel, skrupellos wie eine Lawine, die ins Tal rauscht."

Da hakte Brown ein: „Sie meinen also, dass Archie Harrison für Sie gefühlskalt wirkt und auch skrupellos sein kann, verstehe ich Sie da richtig?"

„Korrekt", antwortete Herr Berger, „das ist mein Eindruck, aber nur mein Eindruck, was andere sehen, kann ich nicht sagen."

Jones fragte: „Können Sie sich vorstellen, Herr Berger, dass Archie Harrison für eine fremde Macht spioniert, trauen Sie ihm das zu?"

Da überlegte Herr Berger und antwortete: „Entweder muss die Liebe von Mr. Harrison sehr groß sein, um diese gesicherte Existenz hier im Mercedes-Benz-Konzern zu verlassen, oder er könnte wirklich für eine fremde Macht spionieren, ich traue dem inzwischen alles zu."

Das war eigentlich alles, was Brown und Jones hören wollten. Also bedankten Sie sich für den informativen Vormittag und ließen sich von der Vorzimmerdame wieder zu ihrem Auto bringen. Das waren ja mal Informationen, die sie erst einmal verarbeiten mussten.

Jones setzte sich wieder hinters Steuer und erfreute sich am Sound des Monstermotors. Es war gegen 12.30 Uhr und sie hatten jetzt noch gut anderthalb Stunden Zeit bis zum Abflug. Sie hingen beide ihren Gedanken nach, wobei Brown wohl eher über den Fall und Jones eher über den Wagen nachdachte.

Als sie gegen 13.15 Uhr in Luton ankamen, den Wagen

beim Vermieter auf den Hof stellten und Jones die Angestellte mit dem Schlüssel zu sich winkte, meinte dieser zu ihr: „Bitte schaffen Sie mir umgehend Ihren Chef hierher, ich muss ihn sprechen.“

Der kam auch gleich angewieselt und fragte, was denn vorliegt, da antwortete Jones cool: „Wann fällt der Jaguar den wir hatten, aus der Vermietung? Wann geben Sie ihn zurück, denn, ganz wichtig, wenn Sie ihn zurückgeben werden, will ich ihn übernehmen, haben Sie mich verstanden?“

Da stotterte der Angestellte, schaute in seinen Computer und antwortete leicht konsterniert: „Der Jaguar SVR läuft in zwei Monaten aus der Vermietung.“

Jones knallte ihm seinen MI-5-Ausweis auf den Tisch und meinte: „Ich will den Wagen!“

„Selbstverständlich, Sir, ich werde alles in die Wege leiten, dass Sie den Wagen in zwei Monaten übernehmen können. Darf ich Sie um eine Visitenkarte bitten. Wir werden Ihnen ein lukratives Angebot machen.“

Da nestelte Jones nach seiner Visitenkarte und reichte sie herüber. Der Angestellte griff sie sich, gab Jones seine Visitenkarte und meinte kleinlaut: „Wir werden Ihnen umgehend ein Angebot machen, kann ich sonst noch was für Sie tun?“

Das verneinten die beiden und verabschiedeten sich umgehend. Brown schaute Jones entgeistert an: „Mensch, du kaufst dir aber schnell mal einen neuen Wagen, ist ja krass.“

Da lachte Jones und erwiderte: „Diese Mietwagen laufen höchstens sechs Monate und vielleicht zehntausend Meilen, das ist doch nichts, gerade erst eingefahren und über 30% unter dem Neupreis sparen. Mietwagen sind immer besser, als zu viel für einen Neuwagen zu bezahlen, ich habe also fast einen Neuwagen zum Preis eines zwei Jahre alten Wagens, so spare ich mir meinen Luxus zusammen."

Dann eilten Sie umgehend zu Ihrem Abfluggate, da sie den Flieger ja nicht verpassen wollten. Wie immer drängelten sie sich überall mit ihrem Ausweis vorbei und ließen sich auch vom Murren und Protesten der anderen Fluggäste nicht beirren.

So gelangten sie wie schon beim Hinflug als erstes zur Gangway und machten es sich wieder im Flugzeug bequem, bevor die ersten „normalen" Passagiere einsteigen durften.

So ein Ausweis ist schon was feines, dachte sich Brown, lehnte sich entspannt zurück und freute sich auf einen kurzweiligen und pünktlichen Flug.

Die beiden Agents hatten etwas gedöst, als das Flugzeug viel zu schnell wieder an Höhe verlor und gegen 15:15 Uhr in Edinburgh landete.

Das Aussteigen war schnell getan und die beiden machten sich umgehend auf den Weg zur Flughafenpolizei, wo ja noch der Range Rover von Brown stand. Nach gut 20 Minuten Fußmarsch hatten sie das Auto erreicht und es stand noch genau da, wo Brown es abgestellt hatte, also alles OK.

Dann ging es wieder heim in die Stadt.

Brown hatte keine Lust auf Hotelessen und meinte: „Lass uns was essen gehen und dabei können wir uns überlegen, wie wir weiter vorgehen."

Brown gab in seinem Navi einfach Restaurants in der Nähe ein und ließ sich dann hinführen. Das Navi führte sie zum Forage & Chatter in der Alva Street.

Gemütlich und trotzdem frisch, so empfing das Forage & Chatter Jones und Brown mit einer modernen schottischen

Küche. Das Forage & Chatter war im Moment wohl eines der besten Restaurants in Edinburgh.

Brown genoss frische Jakobsmuscheln und Jones herrlich zarte Lammkoteletts vom Milchlamm. Das Essen war wirklich vorzüglich. Eine Küche der Extraklasse. Der Service war perfekt und die Weinkarte sehr umfangreich. Sie gönnten sich einen gehaltvollen Amarone, der wohl gut zu ihrem Essen passte.

Während des Essens tauschten sich beide über den Fall aus und kamen zu der Überzeugung, dass sie jetzt tiefer graben mussten. Der Besuch in Milton Keynes hatte ihnen gezeigt, dass Archie Harrison nicht so harmlos war, wie er nach außen tat, darum jetzt mit Vollgas weiter buddeln, und das schloss auch den Einbruch bei Archie Harrison ein, meinte Brown, jetzt müsse es vorangehen. Sie müssten langsam mehr als nur Indizien sammeln, langsam brauchen sie Beweise, meinte er.

Da pflichtete Jones ihm bei und er überlegte, ob sie nicht einfach mal übers Wochenende den Fall Fall sein lassen und sich dann entspannt am Montagmorgen an die Arbeit machen sollten.

Das sei eine gute Idee, meinte auch Brown, er würde dann eine geführte Whisky-Tour durch Edinburgh machen und Sonntag mal im Fitnessraum des Hotels verbringen.

Jones hatte da anderes im Sinn, er wollte wieder nach London fliegen und sich mit einer Bekannten zum Bridge treffen, wie er lachend meinte, und außerdem könnte er dann gleich das Einbruchsbesteck aus London mitbringen, der MI 5 sei rund um die Uhr geöffnet, da könne er sich das Besteck auch am Sonntag holen, denn mit dem Einbruchswerkzeug komme er überall rein, grinste er und lachte.

Nach diesem guten Essen, welches Jones beglich, erhoben sich die beiden und machten sich zufrieden und gesättigt auf den Weg ins Hotel.
Jones nahm die alte Wäsche mit und machte sich wieder auf den Weg zum Flughafen und Brown legte sich auf's Bett, plünderte den Schokoladenvorrat in seiner Minibar und freute sich auf ein Wochenende voller Müßiggang, Whisky und Erholung.

Kapitel 9

Auseinandersetzungen im Hause Campbell

Wir haben Samstag, den 16. März, und Malise hatte ihre Familie und auch die Nachbarn, die Drummonds, zu einem kleinen Umtrunk eingeladen. Sie wollte ihren Geburtstag im Anbetrat der Umstände nicht wirklich feiern, aber ein kleiner Umtrunk unter Freunden sollte schon drin sein. Auch konnte sie sich sicher sein, dass ihre Familie vollzählig erscheinen würde und das war ihr nach dem Fiasko mit dem Treffen mit Finley wichtig. Sie wollte wieder Ruhe in die Familie bringen.

Sie hatte einen gemütlichen Nachmittag beim traditionellen Highlight der schottischen Küche, dem High Tea, zwischen 16 und 17 Uhr geplant. Das war kein zartes Tässchen grünen Tees mit Keks, sondern eine fast opulent zu nennende Mahlzeit, wie sie Malise sehr gerne reichte. Zum Tee werden Sandwiches, gerne mit Gurke/Kresse, Ham, Räucherlachs oder Cheese gereicht, oder Scones, kleine Teigteilchen, die mit Konfitüre und Sahne genossen werden. Sollte es später werden, so wollte Malise zum Dinner ab etwa 19 Uhr Stovies servieren. Dieses Gericht verdankt seinen Namen dem Stove, dem Herd, auf dem es zubereitet wird. Es ist ein Kartoffelauflauf, der traditionell mit Lammfleisch, aber auch mit Rindfleisch zubereitet wird. Das Ergebnis ist ein kräftiger, wärmender Eintopf, der speziell an den kalten Abenden im Herbst und Frühjahr gerne mit einem Guinness genossen wird.

Sie hatte sich viel Mühe gegeben, um die Familie und Nachbarschaft zusammenzutrommeln. Davina durfte sogar ihren Hund Addy mitbringen, also alles konnte eigentlich ganz harmonisch ablaufen wenn da nicht die Finley-Problematik im Hintergrund lauern würde. Malise hat geplant Finley spätestens zum Dinner zu erwarten und sie hoffe, die Zeit bis dahin zu nutzen, Schönwetter für Finley zu machen.

Gegen 15 Uhr trudelten Merida, Angus und die Kids bei ihr ein. Die Kids freuten sich immer, zu Oma zu kommen, es gab immer eine Kleinigkeit als Geschenk. Omi war doch immer die Beste.

Während die Kids ihre Geschenke auspackten und vergnügt quiekten, fragte Malise Angus: „Wie schaut es in der Firma aus? Hat sich denn nun inzwischen alles beruhigt oder hast du noch immer Stress wegen Angus."

Der lachte und meinte locker: „Die beiden Dumpfnasen sitze ich auf einer Arschbacke aus, ich habe ein reines Gewissen. Die können mir gar nichts."

„Dein Wort in Gottes Gehör", meinte Malise und verschwand Richtung Tür, da es geklingelt hatte.

Vor der Tür standen Ila und Archie, die ja wohl nicht fehlen sollten. Nach der etwas distanzierten Begrüßung zwischen Ila und Malise betraten sie den Livingroom wo schon alleine durch die Kids ein turbulentes Treiben herrschte.

Nach einer entspannten Begrüßung klingelten auch schon die Drummonds an der Tür. Die Eltern und ihr Jüngster und Zweitjüngster schauten freudestrahlend vorbei. Nur Duncan war noch nicht da. Ihr Ältester hat was Geschäftliches vor.

Brandon war wie immer offen, freundlich und herzlich, ein Sonnenschein, wenn er auftrat. Er herzte seinen Archie, den er echt gefressen hatte. Er mochte ihn einfach und Catroina war herzlich zu allen, denn sie war einfach glücklich, bei den Campbellls zu sein. Nur Donald war ein wenig gestresst, er würde lieber zuhause vor einer Playstation sitzen. So ein Rentnerverein, dachte er sicherlich.

Duncan stand etwas hilflos in der Gegend rum und freute sich schon auf den High Tea. Dann schneite auch noch Davina mit ihrem Hund Addy ein und die Kids tobten mit ihrem geliebten Addy herum.

Malise eröffnete das Büfett, wo schon der Hight Tea vorbereitet war, alles lag verzehrbereit auf Tellern angerichtet und der Tee war warm und zum Trinken bereit.

Nachdem die Geschenke übereicht und die Freudesbekundungen verklungen waren, bat Malise die Anwesenden, sich doch bitte zum High Tea einzufinden, und sie bedankt sich noch einmal sehr dafür, dass alle ihrer Einladung gefolgt waren.

Dann stürzten alle erst mal zu den Sandwiches, um sich an diesen zu laben, die Kids tollten lieber mit dem Hund und die älteren genossen die Sandwiches.

In einer ruhigen Minute fragte Brandon Angus: „Wie schaut es aus bei dir? Sind die Typen vom MI 5 jetzt ruhig? Sie waren ja auch bei mir, aber da liefen sie wohl ins Leere."

„Ja", meinte Angus. „Ich hoffe, die beiden Agents können sich jetzt mal um ihre eigenen Sachen kümmern. Bei mir in der Firma ist alles OK. Ich tue alles, dass nichts passieren kann."

„Machst du gut, Angus", erwiderte Brandon. „Zum Glück haben sie nicht rausgefunden, dass mir mal ein Plan von dir abhanden gekommen ist." Da zwinkerte er Angus zu und meinte: „Wenn die das herausbekommen hätten, gäbe es eine Menge Stress, Angus, danke, dass du dichtgehalten hast."

„Wir sind Familien, die zusammenhalten, Brandon, ihr tut uns nichts Böses, wir euch nicht, das ist schottische Freundschaft, die auch aus Kleinigkeiten eine Menge Verbundenheit zustande bringt. Ich denke, es gibt ein paar andere, die wohl eher mehr Dreck am Stecken haben."

Dann begaben sich beide an die Sandwiches, die wirklich köstlich aussahen.

Catroina nahm sich Malise mal zur Seite und fragte sie: „Wie schaut es bei dir aus? Haben sich Ila und Davina etwas entspannt oder gibt es immer noch Stess unter euch?"

„Oh ja, Catroina, es herrscht im Moment nicht Eiszeit, aber Frost in der Familie. Wir haben im Moment atmosphärische Störungen."

Da überlegte Catroina und meinte locker: „Was erwartest du denn? Da servierst du deinen Kids einen neuen Mann und die Kids akzeptieren das. Malise, sei doch mal realistisch, deine Kinder sind viele Jahre mit dem einen Vater aufgewachsen, der verstirbt leider zu früh und du servierst ihnen plötzlich einen anderen Vater. Dass die da rebellieren, denke ich, ist doch mal völlig normal. Das muss erst mal wachsen, damit die Kinder es auch verstehen."

Das war für Malise echt eine Herausforderung, denn Finley sollte ja auch noch kommen, das könnte nach hinten losgehen.

Der High Tea lief wirklich sehr gut, jeder genoss seine Snacks und den köstlichen Tee. Davina und Addy spielten im Garten mit den Kids und die Kleinen jubelten vor Vergnügen.

Malise nahm sich Ila bei Seite und fragte sie: „Hast du dich inzwischen ein wenig beruhigt? Der Streit, den wir haben, ist doch zu nichts nutze. Das bringt doch nichts, Ila. Du bist doch die Älteste und solltest doch eigentlich vernünftig sein, warum bist du es nicht?“

Da stellte Ila die Teetasse zur Seite und meinte etwas spitz: „Mum, wir haben eine schwere Zeit hinter uns, die Krankheit und auch den Tod von Daddy, der uns wirklich alle erschüttert, Angus eher weniger und uns zwei Mädchen um so stärker. Da solltest du uns schon noch ein wenig Trauerzeit lassen, damit wir das, was hinter uns liegt, aufarbeiten und bewältigen können.“

„Was ist dein Problem, Ila?“, fragte Malise. „Ihr habt doch alle Zeit der Welt, alles aufzuarbeiten, was euch belastet.“

Da lachte Ila: „Ja, wirklich, Mum, du hast uns ja viel Zeit gegeben, bis du uns Finley präsentiert hast. Ich bin doch immer ein Daddykind gewesen. Ich wollte immer, dass Daddy stolz auf mich ist und habe folgsam immer das getan, was Daddy meinte, was das Beste für mich war.“

Sie schluchzte, als sie das sagte, und Malise meinte: „Warum kannst du denn nicht mal loslassen? Ich habe Hamish auch geliebt und liebe ihn noch immer. Nur jetzt, wo er nicht mehr bei uns ist, muss ich ihn halt etwas anders lieben, denn so ist das Leben. Meistens geht einer vor dem anderen und diesmal war es Hamish, der vor mir ging, und dieser Abschied war schwer genug.“

Dann erhob sie sich, ging durch den Raum und ließ Ila emotional sehr aufgewühlt zurück.

Am Tisch mit den Sandwiches unterhielt sich gerade Archie mit Duncan, den er fragte: „Wie ist denn der Übergang vom MRCA Tornado GR 4 zum Typhoon bei dir gelaufen? Du hast ja schließlich auf dem Tornado angefangen und du weißt ja, ich liebe den Tornado. Für mich ist er das beste Mehrrollen-Flugzeug, das in den letzten 50 Jahren entwickelt wurde.“

Da grinste Duncan: „Ja, Archie, ich weiß, wie sehr du den Tornado liebst, hast ja eine Menge Bücher und Modelle von ihm. Das hat sicher was zu bedeuten, hab ich mir immer gedacht.“ Und er lachte, als er das sagte. „Der Tornado war einfach ein unkompliziertes Arbeitstier, sehr zuverlässig und sehr einfach zu fliegen und das Geländefolgeradar war mittlerweile zu 100% zuverlässig, womit sich die tödlichen Abstürze bei Extremtiefflügen auf Null reduzierten. Die Piloten liebten ihn, weil er so gutmütig war und er noch zu zweit geflogen wurde, und wir Mechaniker liebten seine Robustheit und die wirklich einfache Wartung der Maschine. Nur wurde es mit der Zeit immer schwieriger, Ersatzteile zu bekommen, die werden seit über 30 Jahren nicht mehr produziert. So haben wir Tornados geplündert, um andere wieder flugfähig zu machen. Da wurde der Tornadobestand mit den Jahren immer kleiner und in den 80er Jahren hatte eine Squadron noch vier Gruppen mit vier Flugzeugen und das wurde mit den Jahren immer weiter abgeschmolzen. Es wurden Squadrons aus dem Dienst genommen, um die Tornados zu zerlegen, und am Ende hatten die restlichen Squadrons nur noch drei Gruppen mit vier Flugzeugen, so wurde alles geschrumpft, Hauptsache, es ging weiter.“

Da trank er erst mal einen Schluck Tee und Archie fragte hintersinnig: „Und was hältst du denn jetzt von dem neuen Typhoon, der hat ja anscheinend nicht den allerbesten Ruf?“

Da meinte Duncan eher nachdenklich; „Ja, die Typhoon ist ein Einsitzer, der Tornado war ein Zweisitzer, dort war noch ein Waffensystemoffizier an Bord, das entlastete den Piloten immens, er konnte sich auf das reine Fliegen konzentrieren, alles andere machte der Waffensystemoffizier.

Im Typhoon macht der Pilot alles, trotz überragender Computersteuerung und Technik, die ich lieber für mich behalte, haben viele alte Tornadopiloten den Dienst quittiert und fliegen jetzt als Chefpiloten in großen Linienmaschinen der Airlines, denn den meisten alten Hasen ist der Stress an Bord einfach zu viel.“ Da beugte er sich zu Archie rüber und flüsterte ihm ins Ohr: „Der Striker–Datenhelm, den die Piloten tragen müssen, hat viele Piloten aus dem Cockpit getrieben. Der ist etwas, das vielen Piloten, die noch analog gewohnt sind, einfach nicht mehr beizubringen ist. Das Flugzeug funktioniert im Kampf nur mit diesem Helm. Was der alles kann, ist top secret aber nur soviel, der Helm kostet pro Stück über 400.000 Pfund und wird für seinen Träger speziell angefertigt. Auf jedem Stützpunkt gibt es einen Raum neben der Umkleide, in dem die Helme in für sie reservierten kleinen Panzerschränken gelagert werden. Viele alte Hasen hat das einfach überfordert.“

Da konnte Archie nur zustimmen und er meinte: „Ja, Duncan, ich glaube, das würde auch mich maßlos überfordern, denke ich.“

Da klopfte ihm Duncan auf die Schulter und meinte: „Komm mal wieder in Lossiemouth vorbei, ich hole dich einfach mal wieder auf die Air Base. Ich weiß doch, dass du es liebst, da zu sein.“

Da fing Archie an zu grinsen wie ein Honigkuchenpferd und in diesem Moment stieß Brandon zu ihnen. Er hatte drei Scotch in der Hand und sagte lächelnd: „Hallo, ihr zwei, ihr scheint euch ja gut zu unterhalten. Da hab ich mir gedacht uns drei mal einen schönen Single Malt zu besorgen und mich zu freuen, dass wir mal wieder glücklich zusammen sind.“

Dann reichte er Duncan und Archie einen Scotch und dann prosteten Sie sich zu.

„Wie geht es dir, Archie?“, fragte Brandon. „Alles klar bei dir?“

„Ja, danke der Nachfrage“, antwortete Archie. „Das Leben ist nicht leicht, aber ich schlage mich einfach durch.“

Da klopfte Ihm Brandon auf die Schulter und meinte: „So kenne ich dich, Archie, die bist ein kleiner Terrier, du schlägst dich immer durch.“

Dann stand Brandon auf und meinte: „Meine Herren, wollen wir zusammen zum Dinner gehen? Malise hat einen schönen Stovie für uns vorbereitet und ich denke, der wird uns Männern gut schmecken.“ Und er herzte, während er das sagte, Duncan, seinen mittleren Sohn.

Also machten sich die drei auf den Weg in die Küche, wo der Stovie auf dem Herd für alle zur Bedienung stand und es waren schon einige da, die sich diese Köstlichkeit schmecken ließen. Der Eintopf war gehaltvoll und war wie alles, was Malise kochte, einfach nur lecker.

Die Männer bedienten sich dann auch noch am herzhaften Krustenbrot und gönnten sich ein schönes Guinness dazu.

Die Kids saßen mit Merida in der Essecke und die Kids aßen etwas unorthodox und verteilten ein wenig des Eintopfes auch auf der Tischdecke, was Merida etwas stresste, aber den Kids gefiel es.

Malise betrat dann, nachdem sie einige Zeit nicht im Raum gewesen war, denselben und hatte Finley im Schlepptau, da entgleisten bei einigen die Gesichtszüge. Addy sprang durch die Küche und Finley sprang etwas ungestüm beiseite und riss fast noch Malise von den Beinen.

Malise berappelte sich aber schnell und Davina nahm sehr schnell Addy aus der Schusslinie, nicht, dass noch was passierte.

Da hörte sie Finley zu Malise sagen: „Warum ist denn der Hund hier? Der stresst doch nur und du weißt doch, ich mag keine Hunde.“

Spätestens da war der Zug bei Davina abgefahren, das brauchte sie gar nicht in ihrem Elternhaus. Sie verschwand mit Addy erstmal im Kaminzimmer und sie schwor sich, das gibt noch ein paar harte Worte für Malise, denn diese ewige Vorführerei von Finley macht die Sache auf Dauer auch nicht besser.

Brandon war wie immer der freundliche Nachbar und versuchte, gute Stimmung zu machen, und Angus merkte, dass es wohl noch Stress geben könnte, als beschloss er für sich, das Feld zu räumen. Also ging er zu Merida und flüsterte ihr ins Ohr: „Wir gehen jetzt, das könnte hier noch knallen und da will ich nicht dabei sein.“

Merida schaute etwas ungläubig, aber dachte wohl, was der Herr will, soll er bekommen.

Angus ging zu Malise und sagte unschuldig zu ihr: „Sei mir nicht böse, Mum, aber Finn schläft gleich weg. Ich denke, wir verlassen dich jetzt, damit wir die Kids ins Bett bringen können.“

Malise schaute leicht angefressen aus der Wäsche und knirschte zwischen den Zähnen hervor: „Wenn du meinst, dass du gehen musst, dann tue das, mein geliebter Sohn. Ich wünsche dir noch eine gute Nacht.“ Und sie drehte sich weg, um Angus zu zeigen, was sie von der Aktion jetzt hält.

Angus schluckte kurz und dachte sich, egal, nur weg hier. Auf Zickenkrieg stand er jetzt gar nicht.

Merida schob die Kids an Malise vorbei, sie sollten sich

artig bei Oma bedanken, noch eine schönen Abend wünschen, und dann verschwand Angus mit Familie, denn auf Ärger wollte er sich jetzt nicht einlassen, auch Position wollte er jetzt nicht beziehen, denn er hatte schon genug Ärger von anderer Seite. Er konnte es einfach nicht gebrauchen, an zwei Fronten zu kämpfen.

Sehr überstürzt verließen die Kids mit ihren Eltern das Beisammensein und ließen die Schwestern und die Drummonds etwas ratlos mit Malise und Finley zurück.

Irgendwie war die Stimmung gekippt und die Drummonds hielten es dann für besser, sich zu verabschieden, wie Brandon vorsichtig zu Malise sagte: „Sei uns nicht böse, aber hier liegt was in der Luft. Da wäre es nicht gut, wenn wir uns einmischen. Wir stehen zu euch, aber nicht während einem Familienstreit zwischen euch, das müsst ihr schon selber, mit euch ausmachen, Sorry,“

Dann sammelte er seine Familie ein und verließ den Ort des Geschehens und wünschte den verbliebenen, sprich Davina, Ila, Archie, Finley und Mailse, noch einen schönen Abend.

Die Feierlichkeit hatte sich in kurzer Zeit mehr als halbiert, jetzt war nur die Frage wie der Abend weiter verlaufen würde.

Malise stand da wie bestellt und nicht abgeholt.

Dann fragte Finley in die Stille hinein: „Malise, was ist hier eigentlich los? wir sind ja plötzlich fast allein.“

Da grummelte Malise: „Die sind gegangen, sie erwarten noch Ärger heute Abend und das wollen sie sich nicht antun, das ist alles.“ Und sie schaute ihre Töchter alles andere als liebevoll an. Dann fragte sie: „Was ist euer Problem? Möchtet ihr nicht, dass eure Mutter glücklich wird?“

„Aber sicher doch, Mutter, aber alles zu seiner Zeit“,

antwortete Davina. „Wir sind noch am trauern und haben echt andere Sorgen, als uns über Finley Gedanken zu machen. Akzeptiere es bitte. Und ich habe gehört, was Finley über Addy gesagt hat, und ich muss sagen, so macht man sich nicht beliebt." Und dann legte sie noch nach: „Mum, Finley ist 80, willst du ihn in einem oder zwei Jahren im Rollstuhl schieben? Der ist doch schon wirklich steinalt, wo willst du noch mit ihm hin? Und noch drastischer Ausgedrückt, in zehn Jahren lebt Finley sicherlich nicht mehr, willst du noch einen Mann zu Grabe tragen?"

Da schrie Malise empört: „Das sagt Mrs. Perfect, die als Single mit Hund durch die Welt läuft. Ihr beiden Mädels habt es echt drauf, die eine hat einen Hund namens Addy und die andere einen Archie, der ist ja auch fast wie ein Hund." Dann drehte sie sich um und meinte zu Finley: „Lass die kleinen Kinder erst mal erwachsen werden." Und Sie verließ das Zimmer.

So ließ sie den verbliebenen Rest im Kaminzimmer zurück und der schaute zum zweiten Mal in einer Woche dumm aus der Wäsche und wurde vornehm aus dem Haus geworfen.

Also verließen Ila, Davina, Archie und auch Addy Alderlea House und wussten, dass jetzt mal wieder eine längere Eiszeit folgt, denn das lief wieder mal alles völlig schief, und dass jetzt erstmal mehr als nur ein paar Tage würden vergehen müssen, damit sich wieder etwas wie Normalität einstellt.

Kapitel 10

Archie im Visier

Am Montagmorgen saßen Brown und Jones zusammen im Frühstücksraum ihres Hotels. Jones quietschte vergnügt und Brown war etwas verkatert, die Whisky-Tour hatte ihn wohl angeschlagen.

Brown trank nur Kaffee und aß eine Schale Porrige, im Gegensatz dazu schob sich Jones Bacon, Würstchen und Rührei in den Mund. Als er dann noch das Rührei in Heinz-Ketchup versenkte wurde Brown fast übel.

Nach der Fressorgie von Jones fragte Brown leicht ärgerlich: „Bist du endlich satt, können wir uns jetzt mal um den Auftrag kümmern, den wir hier haben?“

Da tupfte sich Jones den Mund ab und antwortete: „Ok, es kann losgehen, wie geht es weiter?“

Da grübelte Brown und erwiderte: „Jetzt müssen wir langsam anfangen, Druck zu machen und Beweise zu sichern, was Observation und direkte Überprüfung von Archie Harrison bedeutet. Und damit meine ich, Beweise zu besorgen auf jedem noch so krummen Weg. Hast du das Einbruchswerkzeug mitgebracht?“

„Ja, Brown“, grinste Jones. Darum war ich ja in London.“

„Sehr gut“, grinste Brown. „Das Brauchen wir jetzt, wir brechen heute mal in Archie Harrisons Wohnung ein und schauen, was er so zu bieten hat.“

„Wie stellst du dir das vor, wie wollen wir es machen?“, fragte ihn Jones. „Du hast sicher schon einen Plan.“

„Klar doch hab ich den“, grinste Brown.“ Ich bin heute etwas angeschlagen, darum lasse ich dich den Bruch machen und die Bude auf den Kopf stellen und ich stehe vor dem Tesco Supermarkt und passe auf, dass Archie Harrison nicht plötzlich vor dir steht und du ihn aus Reflex erschießt."

„Hört sich gut an. Also denke ich, wir werden unsere Range nehmen und uns am Parkplatz trennen. Ich nehme meinen und du deinen Range, dann fahren wir zu verschiedenen Zielen, um dann getrennt zu agieren. Lass uns beide eine Powerbank mitnehmen, damit unseren Handys nicht der Saft ausgeht, so bleiben wir die ganze Zeit in Kontakt und wir dürften auf der sicheren Seite sein, dass wir nicht ins offene Messer laufen."

Dann erhoben sich die beiden, verschwanden in ihren Zimmern und bereiteten sich auf den ersten Gesetzesbruch vor, den sie in diesem Fall begehen würden. Sie nahmen ihre Glocks, Powerbanks und die lebensnotwendigen Handys mit und machten sich auf den Weg zum Parkplatz.

Dort stiegen sie in getrennte Autos.

Brown fuhr in die Queensferry Road zum Tesco Markt und Jones begab sich zum Duffy Place 56, wo der jetzt Hauptverdächtige wohl wohnte.

Brown stellte seinen Range auf dem Parkplatz in Sichtweite von Archie Harrisons historischem Geländewagen ab, nahm das Telefon und googelte erst mal die Telefonnummer von Tresco in Rosyth und drückte dann auf das Telefon und rief den Laden an. Nach dem neunten Läuten wurde abgehoben und Brown meldete sich als George Harrison, der Vater von Archie, und er möchte seinen Sohn Archie Harrison sprechen, es sei dringend.

Die Dame am Ende der Leitung verkündete, ihn zu Archie Harrison durchzustellen. Da legte Brown befriedigt auf, jetzt wusste er, dass Archie in der Firma war, also rief er Jones an und meinte: „Alles klar, er ist auf Arbeit und ich habe seinen Geländewagen im Blick. Gib Gas und sammle alles, was du findest. Bitte mach Fotos und lege nicht auf, so bleiben wir in Kontakt."

Dazu meinte Jones: „Ok, Brown, ich stehe direkt vor dem Duffy Park Place 56 und gehe jetzt zur Haustür, ist ein Mehrfamilienhaus aus dem frühen 20. Jahrhundert, ich denke, 1920 oder 1930. Wie ich auf der Klingel sehen kann, wohnt Archie im EG, passt mir gut, muss ich nicht durchs ganze Haus. Ich öffne jetzt mit dem Besteck die Haustür." Da lachte er auf. „Die Tür bekomme ich sogar mit einem abgebrochenen Fingernagel auf. Der Flur ist stickig. aber wirklich sogar sauber, das ist nicht in vielen Fluren im United Kingdom so. Ich gehe jetzt mal einen kleinen Treppenabsatz hoch und links der Treppe ist auf dem Treppenabsatz eine Tür, an der rechts davon an der Wand der Name Harrison steht." Da lachte er. „Hier sind wir richtig, ich schaue mir das Schloss an und, Brown, du wirst es nicht glauben das Schloss könnte ich glatt aufpinkeln, die Leute achten wirklich nicht auf ihre Privatsphäre, denn jetzt, wo ich das sage, stehe ich im Flur von Mr. Harrison. Der Bruch war kein Problem. Links das Bad, rechts die Küche und zwei Türen vor mir."

Dann öffnete Jones die linke Tür und meinte zu Brown: „Ich stehe jetzt im Livingroom, Laminatfußboden, eine Anbauwand mit CD-Regal, DVD-Regal und einem nicht zu großen Flat-Fernseher, ich denke mal nicht größer als 80 cm, ich mache zwischendurch Bilder für dich, Brown. Ein Sofa, eher Holzklasse, und ein Tisch, der wohl von Ikea kommt, den kenne ich. Ich schaue jetzt mal in die Schränke. In einem ist eine Menge Gerümpel, da brauche ich Monate, das zu durchkämmen. In einem kleinen Klappfach hab ich das Kontobuch von Archie gefunden, und, Brown, ich muss sagen, wofür leben diese Leute? Die gehen für das selbe Geld einen ganzen Monat arbeiten, das ich an einem Wochenende mit einer Freundin verballere."

Da lachte Brown: „Ich weiß nicht, was du an einem Wochenende ausgibst, aber ich möchte dich in Kenntnis setzen dass in Schottland nicht wirklich gut bezahlt wird. Es kommt vor, dass manche Schotten sogar drei Jobs brauchen, um über die Runden zu kommen. Denen geht es nicht so gut wie uns."

Da antwortete Jones: „Du musst es ja wissen, ich stochere mal etwas rum. Er steht wohl auf die Musik der 80er und 90er Jahre, er mag wohl englische Krimis, die Professionels, Dempsey and Makepeace und The Sweeny, The Persuaders. Er hat eine tolle Auswahl. Die Stereoanlage von Archie ist wohl genauso alt wie sein Geländewagen, das Ding ist riesengroß, von Yamaha, aber die halten ja ewig habe ich gehört, sowas wie der Mercedes der Musiktechnik. Das Ding hat sogar noch Analog-Radio und ein Doppel-Kassettendeck Dolby-DD-Stereo-Sound, also, ich denke, das Ding wurde Ende der 80er gebaut. Da gab es noch keinen MP3-Player und kein Internet. An der Wand über dem Sofa hängt, ich würde mal sagen als Stilbruch, eine Strassenszene aus New York. Ich gehe jetzt mal über den Flur in das Schlafzimmer. Da gibt es einige Schränke, Marke Ikea, die gibt es wohl auf der ganzen Welt, und einen Raumteiler als Bücherregal. Ich schaue mir mal die Bücher an."

Dann war eine Weile Stille, bevor sich Jones wieder meldete: „Er steht auf die Zeit des Zweiten Weltkriegs, hat eine Menge Bücher über Panzer und Flugzeuge und, Moment, er steht auf Biografien von Musikern und Musikgruppen. Da stehen eine Menge Bücher über Autos und Motorräder im Schrank, sehr viele und sehr interessante.

Ich sehe hier Beatles, Queen, Pink Floyd, ELO, ABBA und einige andere. Er sammelt wohl auch Taschenbücher und Krimis, Sherlock Holmes lässt grüßen. Das Schlafzimmer ist nicht wirklich ein Hingucker, eher was zum Schlafen. Der Kleiderschrank ist recht voll, aber wenn ich mir die Klamotten ansehe, haben viele schon im letzten Jahrhundert das Licht der Welt erblickt, alles nichts Neues, eher steinalt. Er hat ein Bett, ich schätze 1,60 x 2,00, m das zwar noch kein Boxspringbett ist, aber doch schon sehr hoch. Ich denke, ich schaue mal unter den Lattenrost."

Dann war erst mal wieder Stille und Brown achtete darauf, dass der Geländewagen von Archie sich nicht bewegt.

Plötzlich meldet sich Jones wieder: „Unter der Matratze und dem Lattenrost habe ich eine Waffensammlung gefunden, ich traue meinen Augen nicht, echt unglaublich."

Da fragte Brown: „Scharfe Waffen oder was?"

„Ich untersuche es", antwortete Jones, „es sind Revolver und Pistolen in kleinen Waffenkoffern, ich öffne mal ein paar. In einem ist eine Walter PP in Gold und mit dem Kaliber 9 mm Knall, als nächstes öffne ich einen Koffer, in dem eine Pistole Colt 1911 Automatik liegt. Ich krame mal weiter, der nächste Koffer gibt mir einen Blick auf Revolver Smith & Wesson 38er in brüniert und im nächsten Koffer eine 38er in Gold, zum nächsten dann noch eine Walter PPK in brüniert, der hat hier echt eine Menge davon liegen."

Da fragte Brown: „Was sind das für Waffen, Jones?"

„Ich schaue mal, Moment", antwortete Jones

Nach ein paar Minuten meldete sich Jones wieder: „Ich habe mal gegoogelt, PTB-Waffen sind Reizstoff-, Schreckschuss- und Signalwaffen. Dies sind in der Regel Pistolen oder Revolver, die Reiz- oder andere Wirkstoffe, Platzpatronen oder pyrotechnische Ladungen verschießen, ohne dass dabei Geschosse durch einen Lauf getrieben werden. Da auf den Waffen PTB steht, bedeutet das wohl, dass die aus Germany sind und dass sie wohl alle 9-mm-Knall haben. Wie der aber an deutsche Schreckschusswaffen kommt, kann er uns gerne erzählen."

Da fragte Brown: „Wenn das dein einziges Problem ist … Es sollte dabei auch am Rande erwähnt werden, dass es in den sicher nicht gerade als waffenfeindlich eingestellten USA sogar ein Totalverbot für Gas- und Schreckschusswaffen gibt. Auch in der Schweiz, die oft für ihr liberales Waffenrecht kritisiert und als Selbstbedienungsladen bezeichnet wird, gibt es immerhin eine Erwerbsscheinpflicht für den Kauf von Gas- und Schreckschusswaffen. In England und Holland existiert ein Totalverbot für Gas- und Schreckschusswaffen; in Spanien und Frankreich gilt ein Totalverbot des Führens außerhalb des befriedeten Besitztums. Germany ist hier aus waffenrechtlicher Sicht in Bezug auf Gas- und Schreckschusswaffen also stark im Hintertreffen. Da dürfen solche Waffen frei ab 18 Jahren gekauft werden und mit kleinem Waffenschein sogar getragen werden. Ich denke, Archie hatte eine Quelle in Deutschland, aus der er schöpfen konnte, und er hat sich somit nach englischem Recht mehr als strafbar gemacht. Mach bitte von jeder Waffe ein Foto, damit ziehen wir die Schlinge zu. Sehr gut, Jones."

Also machte Jones, wie es ihm gesagt wurde, er fotografierte jede Waffe in jedem Waffenkoffer, um zu sehen, wie sie das später noch verwenden wollten.

Er stromerte dann noch so durch die Wohnung, und drehte wirklich alles um. In der Küche konnte er feststellen, dass der Kühlschrank sehr leer war, da war wirklich kaum was drin, der Typ muss sich woanders durchfuttern. Da fiel ihm nur der Name Ila ein. Das konnte wohl die Lösung sein.

Er machte von dem Kühlschrank ein Foto und schaute sich in den Schränken um, alles gut ausgestattet, voller Geschirr und verschiedener Becher, aber kaum benutzt, der Typ muss sich wirklich woanders aufhalten, dachte Jones.

Als er einen Wandschrank in einer Nische öffnete, fiel sein Blick auf wenigstens 50 Kartons mit Adidas-Sneakern der letzten zehn Jahre.

„Brown, ich habe gerade mindestens 50 Kartons mit Adidas-Sneakern gefunden und einige der Schuhe sind anscheinend nagelneu."

Da antwortete Brown: „Ein kostspieliges Hobby. Auf der Insel kosten Adidas-Sneaker mehr als ein paar Pfund. Aber was noch interessanter ist … wovon bezahlte er sie, bei nicht mal 1000 Pfund Gehalt im Monat? Da muss noch mehr sein. Keine Sorge, Jones, der Geländewagen steht wie festgenagelt auf dem Parkplatz."

Also stromerte Jones weiter still durch die Wohnung und er meinte dann: „Eine etwas unbewohnte Wohnung, etwas staubig, aber sonst sauber. Alles ist an seinem Platz und nicht wirklich aufregend."

Plötzlich fiel Jones noch etwas ein. Als er vorhin die Gerümpelschränke geöffnet hatte, hat er wohl was gesehen, was ihm erst jetzt wieder richtig in den Kopf kam. Also ging er wieder in den Livingroom zum Schrank mit dem Gerümpel und öffnete die Tür, da fiel ihm das Handy wieder auf, das er jetzt im letzen Moment gefunden hatte. Es war ein altes Nokia 6210 und er fragte sich, warum das wohl hier lag.

„Ich hab hier ein Nokia 6210 gefunden. Soll ich es mitnehmen? Es ist tot, entweder der Akku leer oder defekt."

„Lass es liegen, es würde auffallen, wenn es genau dieses Handy wäre mit dem Archie den Kontakt zu den Russen hält, das Ding lesen wir später aus."

Also machte Jones noch ein Foto von dem Handy und schloss die Tür. „Ich denke, fürs Erste reicht die Hausdurchsuchung, ich schleiche mich jetzt wieder aus der Wohnung, Brown."

„Ok", antwortete Brown. „Fahre bitte ins Büro in der Polizeistation, ich observiere weiter unseren schrägen Archie und leite weitere Schritte in die Wege, schau du mal, was es an Neuigkeiten in den E-Mail-Fächern gibt."

Als machte sich Jones vorsichtig auf den Weg, die Wohnung zu verlassen, er schlich sich aus der Wohnung, stieg in seinen Range Rover und dann ging es ab in Ihr Büro.

Brown unterdessen rief beim MI 5 an und machte Dampf das er umgehend einen Hausdurchsuchungsbefehl für die Wohnung von Archie Harrison am Duffy Place 56 ausgestellt haben möchte. Der Hausdurchstuchungsbefehl, „Betreff illegaler Waffenbesitz" sei zur Polizeistation Crossroad Place zu bringen und das aber pronto und wenn er pronto sagte, meinte er, in spätestens zwei Stunden. Dann legte er auf und wartete weiter ab, ob sich Archie rühren würde.

Jones traf inzwischen bei der Polizeistation ein, stellte den Wagen auf den Parkplatz und machte sich auf den Weg ins Büro. Dort angekommen fuhr er den PC hoch und stöberte im Postfach. Nicht Interessantes und Wichtiges.

Also rief er Brown an, um ihm das zu sagen: „Nichts Besonderes in den E-Mails, wie sieht es bei dir aus?"

„Nichts. Archie ist fleißig bei der Arbeit und ich sitze hier rum. Wenn er heute nach Hause fahren sollte, möchte ich ihn mit der Polizei erschrecken, habe schon einen Durchsuchungsbefehl beantragt, der wird in das Polizeirevier geliefert. Wenn er dann zuhause ist, möchte ich, dass die Polizei mit zwei Mann bei ihm auftaucht, ihm den Durchsuchungsbefehl unter die Nase hält und ihn erst mal mit auf's Revier nimmt und ihn dann mal eine Nacht in der Zelle schmoren lässt. Die Waffen sollen auch gleich kassiert werden, das soll ein Tag werden, den Archie Harrison so schnell nicht vergisst. Bitte gehe schon mal zu DCI Crawford und kündige ihm an, dass du heute gegen Abend einen Streifenwagen und zwei Leute von ihm für eine Hausdurchsuchung brauchst“, meinte Brown voller Vorfreude.

„Kein Problem, Brown, dann hoffen wir mal, dass wir heute einen Erfolg erzielen werden“, antwortete Jones, der dann auflegte und sich umgehend auf den Weg in DCI Crawfords Büro machte. Er klopfte kurz an und betrat es forsch und ohne Aufforderung.

Der DCI schaute etwas verstört auf und meinte: „Ach, einer von den Unberührbaren, was kann die Streifenpolizei denn für Sie tun?“

Da schob sich Jones einen Stuhl vor den Schreibtisch von Crawford und machte es sich bequem: „Wir planen, wenn unser Hauptverdächtiger auch mal nach Hause fährt, eine Hausdurchsuchung, illegaler Waffenbesitz, wir brauchen zwei Polizisten und einen Streifenwagen. Der Kerl soll aufgegriffen werden und dann ab auf's Revier mit ihm. Da macht ihm ruhig mal etwas die Hölle heiß. Wir wollen ihn mürbe machen, er sollte einen Fehler machen, damit wir ihn überführen können. Behalten Sie ihn bitte über Nacht hier, das grillt ein Weichei verzehrfertig. Und bitte sammeln Sie bei der Gelegenheit auch gleich die Waffen ein, sie liegen unter dem Lattenrost des Bettes im Schlafzimmer.

Geben Sie ihm die Möglichkeit, Sie zu den Waffen zu führen, tut er es nicht, dann drehen Sie ihn um so härter durch die Mangel. Bitte machen Sie das in einem Verhörraum, wo auch wir Einblick haben."

Da klopfte es an der Tür und ein Constable trat ein: „Sir, uns hat ein Bote gerade einen Hausdurchsuchungsbefehl überbracht." Und er legte das Dokument auf den Tisch. Dann verschwand er wieder.

DCI Crawford schaute auf das Schriftstück vor ihm und meinte lakonisch: „Wir brauchen Wochen, gar Monate, um einen Hausdurchsuchungsbefehl zu bekommen und Sie bekommen den in einer Stunde, ich staune immer wieder. Ich werde die Hausdurchsuchung persönlich vornehmen, Mr. Jones, dass lasse ich mir nicht entgehen."

Das erfreute Jones, der stand auf und meinte: „Ich werde jetzt wieder ins Büro gehen, um abzuwarten, wie sich die Sache weiter entwickelt."

Dann verschwand Jones wieder in sein Büro, legte die Füße auf den Schreibtisch, genehmigte sich einen Scotch und wartete, dass Brown sich meldete.

Der wiederum saß sich in seinem Range Blasen am Hintern denn nichts passierte. Es ging auf 16:00 Uhr zu und wie auf's Stichwort tauchte Archie auf. Er enterte seinen Geländewagen und hoppelte langsam, aber stetig durch Rosyth, was im Nachmittagverkehr eher eine anstrengende Angelegenheit war. Zu Freude von Brown bog Archie nicht Richtung Edinburgh ab, nein, wie bestellt fuhr er Richtung Duffy Place.

Er griff sofort zum Handy und rief Jones an: „Sag bescheid, die Polizei kann abrücken, Archie ist in zehn Minuten zu Hause, da sollten sie sich jetzt mal auf den Weg machen."

„Ok Brown“, antwortete Jones, „ich mache den Uniformierten Dampf.“ Dann legte Jones auf, griff zum Diensttelefon, rief DCI Crawford an und meinte, die Zielperson sei gleich zu Hause und er könne sich ja jetzt auf den Weg machen, um ihn dann entspannt einzusacken.

Der DCI antwortete, er sei auf dem Weg, und Jones harrte der Dinge, die noch kommen würden. Der Streifenwagen fuhr nun auch Richtung Duffy Road und würde diese bald erreicht haben.

Archie hatte inzwischen seine Wohnung erreicht und verschwand darin. Brown stellte sich entspannt in der Nähe auf und wartete auf den Showdown. Keine fünf Minuten später rauschte der Polizeiwagen vor und blieb in zweiter Reihe stehen, etwas sehr provokant und wie auf dem Präsentierteller für jeden sichtbar, aber egal, sie stiegen aus, einer war sogar DCI Crawford, da konnte es nur perfekt werden.

Kurze Zeit später klingelte DCI Crawford bei Archie Harrison an der Haustür. Er sprach in die Gegensprechanlage „Hallo, Sir, hier ist DCI Crawford. Ich möchte Sie sprechen.“

Da drückte Archie auf den Türöffner und die beiden Polizisten betraten das Gebäude. Gleich an ersten Absatz stand Archie in der Tür und schaute etwas verwundert aus der Wäsche. Als die Polizisten nun vor Archie standen, legitimierten sie sich.

Der DCI meinte: „Ich bin DCI Crawford , neben mit steht der Constable Macnish, wir gehen im Moment einer anonymen Anzeige gegen Sie nach. Würden Sie uns reinlassen oder müssen wir das jetzt auf dem Flur ausdiskutieren?“

Da fühlte sich Archie mehr als überfahren, gab den Weg frei und die Polizisten betraten seine kleine Wohnung. Als alle drei bei Archie im Flur standen, fragte dieser verunsichert: „Um welche Art von Anzeige handelt es sich denn?“

Da ließ Crawford die Katze aus dem Sack: „Illegaler Waffenbesitz, hier ist der Hausdurchsuchungsbefehl.“ Und er reichte Archie das Schriftstück. „Wir müssen dem natürlich nachgehen. Haben Sie dazu was zu sagen, Mr. Harrison?“

„Nein, Sir, ich weiß nicht, was Sie von mir wollen. Ich besitze keine scharfen Waffen, hätte ich viel zu viel Angst vor.“

Da schnitt Ihm DCI Crawford das Wort ab und gab spröde zur Kenntnis: „Chance vertan, Mr. Harrison, jetzt werden Sie mit uns aufs Revier fahren müssen, denn wenn ich angelogen werde, fühle ich mich wie hintergangen. Wir haben, wie Sie gesehen haben, die Legitimation, Ihre Wohnung zu durchsuchen, Constable, bitte walten Sie Ihres Amtes.“

Dann meinte der DCI zu Archie: „Können wir uns in der Zwischenzeit in den Livingroom setzen, denn ich möchte solche Dinge nicht im Flur besprechen.“

Also schlich Archie wie ein geprügelter Hund in den Livingroom und setzte sich mit dem DCI aufs Sofa, während Constable Macnish durch die Wohnung stromerte. Er öffnete hier und da einen Schrank und mal eine Schublade, bis er sich an die Stelle begab, wo er wusste, dass er fündig werden würde. Er arbeitete sich also ins Schlafzimmer vor, öffnete ein paar Türen des Kleiderschranks, um sich dann dem Bett zuzuwenden. Er schlug die Bettdecke herunter, die Kissen folgten und als die Matratze frei lag, hob er sie an und dann war der Blick frei auf das, was Jones schon am Morgen gesehen hatte. Macnish nahm die Matratze aus dem Bett und dann folgte das Lattenrost.

Das Schlafzimmer sah inzwischen wie ein Handgranatenwurfstand aus, alles stand und lag in der Gegend rum. Was der Constable da sah, erfreute ihn sehr, diese Hausdurchsuchung war tatsächlich erfolgreich.

Er griff sich zwei Waffenkoffer und ging mit diesen in den Livingroom, wo Archie immer blasser wurde.

Macnish stellte sich an den Tisch und meinte zu DCI Crawford: „Da, wo ich das herhabe, gibt es noch viel mehr, Sir."

Da griff sich der DCI den ersten Koffer und öffnete ihn, darin lag eine Walter PP Pistole, brüniert. Er hob seine Augenbrauen und knurrte: „Interessant."

Dann griff er zum nächsten Koffer und in dem war ein Smith&Wesson-Revolver mit Combat-Griffschalen, ein wirklich großes Teil, brüniert und wirklich respekteinflößend.

„Mr. Harrison, wir werden jetzt also gleich zusammen auf das Polizeirevier fahren, Sie haben uns vieles zu erklären. Haben Sie vielleicht einen Müllsack für uns, wir beschlagnahmen sofort alle Waffen, die wir finden."

Da erhob sich Archie völlig verstört und der DCI folgte sofort, denn er wollte ja nicht, dass Archie über den Flur stiften ging. Also baute er sich gleich vor der Tür auf und als Archie mit dem Müllsack aus der Küche kam, bat er ihn, den Müllsack an seinen Constable weiterzugeben. Der ergriff ihn und verschwand zuerst im Livingroom und dann im Schlafzimmer, um alle Waffen einzusammeln.

Nachdem Macnish mit einem üppig gefüllten Müllsack wiederkam, war erst mal Totenstille.

Der DCI wollte den Druck noch ein wenig erhöhen: „Mr. Harrison, bitte packen Sie sich ein paar Hygieneartikel und einen Schlafanzug ein, ich werde Sie hiermit vorläufig festnehmen. Nach der Menge an Waffen, die Sie anscheinend gehortet haben, wird es jetzt Zeit für einen Schlussstrich und eine gnadenlose Aufklärung. Und kein Gedanke an Flucht, an mir kommen Sie nicht vorbei. Wenn wir die Wohnung verlassen, werde ich Ihnen Handschellen anlegen, haben Sie das verstanden?"

Da stammelte Archie konsterniert: „Das sind nur Schreckschusswaffen. Was soll das alles? Ich bin doch kein Mafia-Killer."

„Kein Problem, Mr. Harrison, wir werden das alles überprüfen und dann sehen wir weiter", lächelte DCI Crawford. „Aber bitte packen Sie ein wenig Wäsche und Hygieneartikel zusammen, denn, da können Sie sicher sein, die Nacht verbringen Sie in Untersuchungshaft."

Dann gab er dem Constable ein Zeichen, er möchte doch bitte die Waffen in den Streifenwagen bringen und auf ihn warten.

Da schlich Archie durch die Wohnung und packte Unterwäsche, Kleidung und die Kulturtasche in einen Rucksack.

Und draußen stopfte Macnish die Waffen in den Kofferraum. Als Brown das sah, war er zufrieden und er startete den Wagen und gab Gas, ab zum Polizeirevier, er wollte vor Ort erleben, wie es weiterging.

Archie war völlig perplex, er kam sich vor wie in einem schlechten Film, aber er fragte sich, was er denn da zu suchen habe. Er schulterte den Rucksack und der DCI bat ihn, die Hände vorzustecken, was Archie geschockt auch tat. Dann klickten die Handschellen und der DCI fragte, wo er den Wohnungsschlüssel finde, er möchte doch wenigstens abschließen.

„In der Jackentasche, Sir."

Also griff der DCI in die Jackentasche von Archie und

griff sich den Wohnungsschlüssel heraus. Er bat Archie jetzt, bitte mit ihm die Wohnung zu verlassen, was Archie niedergeschlagen tat.

Draußen im Flur hielt der DCI den Verhafteten fest, schoss die Wohnungstür ab, steckte Archie den Schlüssel wieder in die Jackentasche und bat ihn dann, das Gebäude zu verlassen. Archie war in Handschellen, wie ein Schwerverbrecher, er dachte sich im Stillen, was hab ich denn getan, ich tue doch keinem weh.

Draußen am Streifenwagen öffnete der DCI die hintere Wagentür und schob Archie auf die Rückbank. Als Archie saß, schoss er die Tür wieder, umrundete den Wagen, öffnete die andere Hintertür und setzte sich neben Archie.

Als er dann endlich saß, bat er den Constable: „Dann mal ab ins Revier, Macnish."

Der hielt sich dran und gab einfach nur Gas, um endlich wieder im Polizistenstall zu landen.

Archie saß im Wagen wie ein Schluck Wasser in der Kurve und dachte sich innerlich, ich muss träumen, ich muss doch dringend aufwachen.

Nach einer guten Viertelstunde Fahrt bog der Streifenwagen auf den Parkplatz der Polizeistation und dann hielt der Constable vor dem Hintereingang und ließ den DCI aussteigen, der dann die Tür öffnete und Archie aussteigen ließ.

Dann führte DCI Crawford seinen Gefangenen durch das Gebäude zu dem größten Verhörraum, den Sie hatten, setzte Archie auf den Stuhl und nahm ihm die Handschellen ab. Dann meinte er zu Archie. „Da sind wir nun, ich lasse Ihnen gleich noch einen Tee bringen. Ich werde mich jetzt um die Waffen und einige andere Dinge kümmen. Ich komme später zurück."

Ehe er aber ging, bat er Archie um seinen Rucksack, seine Schlüssel und sein Handy. Als er alles bekommen hatte, verließ er den Raum und ließ Archie etwas verloren zurück.

Er ging direkt in sein Büro, wo Constable Macnish schon mit den Waffen auf ihn wartete. Wr wollte sich die mal ansehen. Als Crawford sein Büro betrat, sah er, dass sein Constable die Waffenkoffer schon auf seinem Tisch verteilt hatte. Da stand einiges und Constable Macnish stand etwas gelangweilt herum.

Da meinte DCI Crawford zu ihm: „Bitte besorgen Sie mir einen Kreuzschlitzschraubenzieher, in zwei Größen, mittel und groß."

Da grummelte Macnish: „OK, Sir." Und er machte sich auf den Weg.

Der DCI legte die Habseligkeiten von Archie in die Ecke, griff zum Telefon und rief die Untermieter aus London an, er hätte Archie jetzt im großen Verhörraum und sie mögen bitte in sein Büro kommen.

Da betrat sein Constable wieder das Büro, mit zwei Schraubenziehern in der Hand, die er DCI Crawford reichte. Dann fragte er: „Sir, wofür benötigen Sie denn die Schraubenzieher?"

„Ganz einfach, ich wollte damit mal die Verplombung in den Läufen der Waffen kontrollieren."

In diesem Moment betraten Brown und Jones das Büro. Da bat der DCI die beiden, Platz zu nehmen Dann begann er zu informieren: „Wir haben Archie Harrison jetzt im Verhörraum und können die Daumenschrauben anziehen. Ich hab Archie schon angekündigt, das er die Nacht in einer Arrestzelle verbringen wird. Jetzt schauen wir uns mal die Waffen an."

Er griff sich einen Koffer, öffnete ihn, nahm den Schraubendreher und führte ihn vorne in den Lauf des Revolvers, stocherte ein paarmal und achtete darauf, ob sich die Plombe bewegte. Er merkte, es tat sich nichts, der Lauf war zu, bei der nächsten Pistole war es das gleiche, alles zu.

Dann fragte er den gelangweilten Brown: „Wie soll es jetzt weitergehen, Mr. Brown. Die Waffen sind nicht scharf, also nicht schussfähig, was sollen wir jetzt tun?“

Da wurde Brown plötzlich wach. „Illegaler Waffenbesitz, auch Schreckschusswaffen sind im Vereinigten Königreich verboten. Das reicht für eine Strafanzeige und Verurteilung, denn wir reden, wie ich es sehe, von 15 Waffen, das ist mehr, als im Allgemeinen zu tolerieren ist. Setzen Sie ihn unter Druck, kochen Sie ihn weich. Ich will mal sehen, wie er damit umgeht. Lassen Sie ihn reden und dann ab für eine Nacht in die Zelle.“

Das war klar formuliert, dachte DCI Crawford, dann los.

„Bitte lassen Sie uns zum nächsten Schritt übergehen, die Herren Agenten folgen bitte.“

Dann stand DCI Crawford auf und die Agenten folgten.

Als sie dann vor dem Verhörraum standen, meinte der DCI: „Die nächste Tür öffnen Sie bitte und gehen in diesen Raum, da stehen ein paar Stühle und ein Blickfenster in den anderen Raum, das Sichtfenster ist aus dem Raum nicht zu erkennen, es schaut einfach wie übergroße Wandkacheln aus.“

Dann begab sich der DCI in den Verhörraum, um sich wieder mit Archie Harrison zu beschäftigen.

Dieser saß verloren an dem Tisch in der Mitte des Raumes und war mehr als eingeschüchtert. Also setzte Crawford sich Archie gegenüber hin und fing an: „So, Mr. Harrison, jetzt wollen wir uns mal näher über Ihre Waffen unterhalten Wie festzustellen war, sind es Schreckschusswaffen aus Deutschland, dort nach meinem Kenntnisstand legal, hier streng verboten. Also, wie kommen Sie an die Waffen und warum haben Sie diese denn gesammelt?“

Da stammelte Archie: „Das sind doch nur Schreckschusswaffen, Dekowaffen, ich sammle Waffen, die wie echte aussehen, auch wenn sie schussunfähig sind. Ich sammle sie doch nur, trage sie nie. Was ist denn daran so schlimm, Sir?“

Da grübelte der DCI und meinte: „Ja, Mr. Harrison, was ist daran schlimm? Ganz einfach, es ist verboten, es gibt ein Gesetz und dagegen haben Sie nunmal verstoßen. Und nun mal Tacheles, wo haben Sie die Waffen her?“

Da begann Archie zu erzählen: „In den Jahren, in denen ich bei Mercedes in Milton Keynes gearbeitet habe, kamen ja täglich LKWs aus Deutschland in unser Lager, die Ware brachten. Da kam ich irgendwann mit einem deutschen Fahrer in Kontakt, der wöchentlich jeden zweiten Tag bei uns war. Er zeigte mir irgendwann mal einen Gasrevolver und meinte, dass er ohne den nie fahren würde und bis jetzt hatte noch kein Zöllner nach dem Revolver gesucht. Mich hat der Revolver begeistert und ich hab ihn gefragt, ob er mir den auch besorgen könnte. Er meinte, klar doch, aber etwas Zeit brauche er schon, er müsse das Ding ja auch erst bestellen. Er ließ sich regelmäßig von einem großen Jagd- und Waffenversender beliefern, ich glaube, der hieß Frankonia. Er brachte mir dann ein paar Wochen später den Revolver mit Knallmunition und einen Frankonia-Katalog mit, aus dem ich mir dann mit den Jahren die Waffensammlung zusammenkaufte. Das ging bis zu dem Tag, wo ich dann von Milton Keynes nach Schottland zog. Von da an war die Sammlung eher versteckt, da meine Wohnung viel zu klein ist, die Waffen da zu präsentieren.“

„Ja, Mr. Harrison, wir werden Sie wegen illegalem Waffenbesitz in besonders schwerem Fall anklagen. Das kann mit einer Freiheitsstrafe oder einer höheren Geldstrafe geahndet werden. Ihre Waffen bleiben eingezogen und werden vernichtet."

Da warf Archie ein: „Das sind Schreckschusswaffen. Was soll denn das, die sind nicht scharf und nicht schussfähig, hier in Schottland bekommt man ohne Probleme ein Gewehr mit Lizenz für die Jagd aber mich wollen Sie wegen Platzpatronen-Waffen in den Knast stecken? Wie krank ist das denn? Ich habe noch nie gelesen, dass jemand mit einer Schreckschusswaffe erschossen wurde, aber um so mehr von Jagdgewehren und scharfen Waffen. Wie ist denn da eigentlich noch die Relation?"

Da grinste DCI Crawford: „Um die Relationen kümmert sich der Gesetzgeber, wir haben das Gesetz nur durchzusetzen und das sagt, Sie haben gegen ein britisches Gesetz verstoßen und das muss halt geahndet werden. Ich werde Ihnen jetzt Ihren Rucksack und das Handy holen, ich lasse Sie einen Telefonanruf machen. Danach werde ich Sie in den Arrestbereich bringen und morgen werde ich mit dem Staatsanwalt entscheiden, wie es weitergeht."

Dann stand er auf, verließ den Raum und ging ein Zimmer weiter, wo die beiden Agenten saßen. „So, die Herren, sonst noch Fragen, die gestellt werden sollen? Wir wissen jetzt ja, wie, wo und wann sich Archie Harrison die Waffen besorgt hat", sprach der DCI.

„Ja wir haben viele Informationen bekommen", antworte Jones. „Nur eine Verbindung nach Russland ist da noch nicht zu finden. Warten wir mal ab, wie er sich morgen nach der Nacht in der Zelle gibt."

„Ich werde Archie gleich in die Zelle bringen und wir können dann Feierabend machen", meinte der DCI grinsend.

Also erhoben dich Brown und Jones und verließen das Gebäude. Sie stiegen in ihre Range Rover und fuhren zur ersten Fish-and-Chips–Bude, die sie finden konnten.

In der Bude meinte Jones dann plötzlich: „Du merkst aber auch, Brown, dass wir hier gerade einen Menschen zerstören können? Ist schon hart, wie wir gerade vorgehen.“

Da schluckte Brown ein paar Chips herunter und meinte: „Was ist los mit dir, Jones? Hast du Skrupel? Wir tun doch nur unsere Pflicht, also jetzt nicht wehleidig werden.“

Dann beendeten sie ihr Mahl und fuhren in ihr Hotel zurück. Sie trennten sich recht wortlos und hingen ihren Gedanken nach.

In der Polizeistation betrat gerade wieder der DCI Crawford den Raum und reichte Archie den Rucksack und das Handy und meinte: „Sie haben jetzt zehn Minuten Zeit, ein Gespräch zu führen, mit wem auch immer, dann machen wir Schluss für heute. Ich werde in der Ecke aufpassen, dass es bei einem Gespräch bleibt.“ Dann nahm sich der DCI einen Stuhl und setzte sich in die Ecke und Archie drückte die Wähltaste und rief Ila an: „Hallo Archie“, sprach Ila. „Wo bist du? Ich warte auf dich. Hab hier Chinese Food , das ist schon fast kalt.“

Da gab Archie mit zittriger Stimme zu: „Ila, ich bin hier gerade im Polizeirevier Crossroad Place in Rosyth. Man hat mich verhaftet und wird mich dann über Nacht in eine Arrestzelle stecken.“

Da hörte Archie, wie Ila nach Luft schnappte: „Archie, was soll das? Was redest du denn gerade? Bist du betrunken?“

Da lachte Archie auf und meinte: „Oh Man, was wäre es schön, jetzt betrunken zu sein. um das nicht zu erleben.

Mich hat jemand anonym angezeigt, wegen meiner Schreckschusswaffe. Die sind anscheinend hier verboten. Sie haben mich heute nach Feierabend in der Wohnung abgegriffen und dann auch gleich noch alle Waffen mitgenommen."

„Das ist nicht dein Ernst, Archie. Du spinnst doch gerade, was soll das?", fragte Ila

„Wenn es doch nur so wäre", murrte Archie „ Bitte rufe morgen früh im Tesco an und sage dort bitte, ich fühle mich nicht gut und wollte dann morgen mal zu Hause bleiben. Wir müssen ja nicht gleich offenlegen, dass ich im Knast sitze."

Dann dachte er, damit Ila das auch glaubte, hielt er das Mikro des Handys zu und bat den DCI mal zu sich und den fragte er dann: „Würden Sie meiner Freundin sagen, wo ich hier bin."

Da stand DCI Crawford auf und dachte, na gut, so wie wir den heute geprügelt haben, sollte ich das mal tun.

Also ließ er sich das Handy geben: „Guten Abend, mein Name ist DCI Crawford vom Polizeirevier am Crossroad Place. Ja, wir haben Ihren Freund heute Nachmittag festgenommen und er wird die Nacht in der Arrestzelle verbringen. Wenn Sie Fragen haben, stehe ich Ihnen morgen telefonisch zur Verfügung. Aber jetzt muss ich Mr. Harrison in seine Zelle bringen. Und kommen Sie nicht her. Wenn die Zellentür sich hinter Mr. Harrison schließt, ist er bis morgen zum Gespräch mit dem Staatsanwalt für niemanden mehr erreichbar. Das Telefon geht in diesem Moment in den Polizeibesitz über. Gute Nacht." Und der DCI legte auf und ließ eine völlig konsternierte Ila zurück.

Er steckte sich das Handy ein und meinte: „Dann kommen Sie jetzt mit, wir wollen jetzt zum Ende kommen."

Dann musste also Archie jetzt aufstehen, griff sich seinen Rucksack und verließ mit dem DCI den Raum, sie liefen nebeneinander durch die Flure und gingen durch ein Treppenhaus ein Stockwerk tiefer und dann ging es zu den Arrestzellen. In einem kleinen Versatz stand ein Schreibtisch und hinter dem saß ein Polizist, der vor Langweile fast einschlief. Den sprach der DCI an: „Sergeant Preston, hier ist jemand für die Arrestzelle. Bitte quartieren Sie ihn ein und achten Sie gut auf ihn."

Dann drehte sich der DCI wieder um und ging den Weg zurück. Der Sergeant stand von seinem Stuhl auf und kam um den Tisch zu Archie und meinte: „Dann folgen Sie mir bitte, Sir, ich werde Ihnen die beste Arrestzelle geben, die wir haben."

Da fragte Archie verschüchtert: „Die beste?"

„Ja, Sir, es gibt hier karge und gekachelte Zellen mit Stühlen und betten mit abwaschbaren Bezügen, das sind unsere Ausnüchterungszellen."

Dann standen sie vor der Zellentür mit der Nummer 4 und er sprach weiter: „Diese hier, Sir, ist etwas wohnlicher eingerichtet, hat einen Lichtschalter, damit Sie das Licht löschen können, und das Bett ist zwar noch nicht bequem, aber bequemer als die Ausnüchterungszellen, hier, rechts neben dem Lichtschalter, ist das Thermostat für die Fußbodenheizung. Wenn es Ihnen zu kalt wird, können Sie dort die Temperatur regulieren."

Dann schob er Archie weiter in den Raum und bat ihn um den Rucksack, er wollte nochmal hineinschauen.

Widerspruchslos reichte Archie den Rucksack, den der Sergeant dann penibel durchsuchte. Als er nichts Ungewöhnliches gefunden hatte, reichte er ihn zurück und fragte: „Muss ich Ihnen den Gürtel abnehmen oder kann ich mir das sparen, Sir?“

„Alles gut, Sergant, es gibt keinen Grund, etwas zu tun, was endgültig sein kann“, antwortete Archie.

Dann wünschte der Sergeant noch eine gute Nacht und verließ den Raum. Als er in der Tür stand, meinte er: „Ich werde jede Stunde durch das Sichtfenster schauen, um zu sehen, wie es Ihnen geht. Auch habe ich draußen einen Lichtschalter, um die Zelle zu erleuchten. Erschrecken Sie nicht, wenn es in der Nacht mal hell wird.“

Dann schloss er die Tür und Archie saß plötzlich in einer Gefängniszelle, da lief es ihm kalt den Rücken runter. Er schaute sich mal genauer um. Neben der Tür war ein Tisch und ein Stuhl. Links in der Ecke stand ein Toilette und daneben ein Waschbecken mit einer kleinen Ablage. In der rechten Ecke stand das Bett mit einem Kissen und einer Decke. Der Raum war kein Ort, wo er länger bleiben wollte.

Was sollte er jetzt wohl machen, einfach versuchen zu entspannen und auf morgen warten? Er stellte den Rucksack auf den Stuhl, putzte sich also die Zähne und setzte sich auf das Bett, zog sich die Schuhe aus und legte sich dann auf das Bett und versuchte, irgendwie zur Ruhe zu kommen.

Irgendwann, Stunden später ‚schlief Archie traumlos ein.

Auch Ila hatte eine mehr als unruhige Nacht, denn so ein Telefongespräch hatte sie noch nie geführt.

In der Nacht öffnete sich stündlich das Sichtfenster und der Sergeant, der heute Nachtdienst hatte, schaute, ob alles ok ist. So ging die Nacht vorbei und Archie war ab 6 Uhr mehr als gerädert und Wach. Er setzte sich also auf das Bett und wartete auf das, was der neue Tag bringen sollte.

Eine Ewigkeit später, es war wohl gegen 9 Uhr, wurde die

Tür wieder geöffnet und DCI Crawfort stand in der Tür. Er wünschte einen guten Morgen und er bat Archie, sich an den Tisch zu setzen. Das tat Archie, lieber folgsam sein, denn noch eine Nacht hier wollte er sich gerne ersparen. Also setzte er sich an den Tisch und wartete ab.

DCI Crawfort schloss die Tür, blieb am Tisch stehen und begann zu reden: „Haben Sie die Nacht gut verbracht, Mr. Harrison."

„Nicht so wirklich, Sir", antwortete Archie

Da lachte der DCI und antwortete: „Ja, Mr. Harrison, das kann ich mir gut vorstellen. Und jetzt wollen wir mal zur Sache kommen. Ich habe schon mit dem Staatsanwalt in Edinburgh gesprochen und wir sind zu folgendem Ergebnis gekommen. Sie erwartet ein Strafverfahren wegen unerlaubtem Waffenbesitz. Das könnte für Sie eine teure Angelegenheit werden, denke ich. Die beschlagnahmten Waffen werden noch heute in einem Schrottreißwolf zerstört, da alle Beweise gesichert wurden, und ein weiterer Verbleib Ihrerseits in U-Haft ist daher nicht von Nöten. Bitte folgen Sie mir jetzt nach oben, Ihre Freundin sitzt schon im Eingangsbereich und wartet auf Sie."

Dann schnappte sich Archie schnell den Rucksack und die Kulturtasche und folgte dem DCI auf dem Fuße aus der Zelle. Unterwegs stopfte er die Kulturtasche in den Rucksack und dann ab durch das Treppenhaus nach oben und in den Eingangsbereich, wo Ila in einem Sessel auf Archie wartete.

Sie stand sofort auf, als Archie kam, nahm ihn in den Arm und küsste ihn erst einmal. Als sich beide getrennt hatten und etwas zur Ruhe gekommen waren, meine DCI Crawford: „Dann dürfen Sie jetzt gehen, Mr. Harrison. Ihnen noch viel Glück und nicht erschrecken, dass sie Post von der Staatsanwaltschaft oder vom Gericht bekommen, das wissen Sie ja."

Dann verabschiedete er sich und ließ die beiden stehen. Und die nahmen die Beine in die Hand und verließen so schnell es ging das Polizeirevier.

Draußen neben Ilas Audi A3 bedankte sich Archie erst einmal dafür, dass ihn Ila abgeholt hatte, das wusste er sehr zu schätzen. Als sie nun im Audi saßen, meinte Archie sarkastisch: „Fahr mich bitte zu mir, ich muss mir erstmal den Zellenmief vom Körper waschen."

In seiner Wohnung duschte er erst einmal eine halbe Stunde, bis er endlich das Gefühl hatte, normal zu riechen.

Ila machte in der Küche Eggs, Bacon und Sausages für sie zwei, denn jetzt musste es was herzhaftes sein.

Kapitel 11

Brown bohrt weiter

Brown und Jones währenddessen saßen in ihrem Büro und beratschlagten, was als nächstes geschehen sollte. Sie wollten den Druck weiter erhöhen. Da kam DCI Crawford gerade recht, als er gegen halb 10 das Büro betrat, einen guten Morgen wünschte und meinte: „Meine Herren, Archie Harrison ist jetzt wieder auf freiem Fuße, oder haben Sie noch mehr vor?“

„Was gibt es Neues bei Mr. Harrison?“, fragte Jones.

Da setzte sich der DCI auf den Besucherstuhl und meinte locker: „Nichts Besonderes bei Mr. Harrison. Der ist, denke ich, schon in seinen Grundfesten erschüttert. Ein Tag im Knast geht nicht so einfach an einem vorbei. Er war schon recht angefressen als ich ihn entlassen habe, aber der Hammer kommt noch, meine Herren.“

Da wurden die Agents hellhörig: „Was kommt denn noch?“, fragte Brown. „Sie sprechen in Rätseln, DCI Crawford.“

Da lächelte der DCI und meinte: „Ich habe mich von Ihrem Intrigenspiel anstecken lassen und mit dem Staatsanwalt einen Deal ausgehandelt. Es soll Mr. Harrison weh tun, dass wir ihn erwischt haben.“

„Wie meinen Sie das? Was haben Sie im Sinn?“, erwiderte Brown.

Da zählte der DCI auf: „Ich habe mit dem Staatsanwalt besprochen, dass er Archie Harrison einen Strafbefehl in Höhe von 5000 Pfund oder alternativ 9 Monaten Haft zuschicken sollte, natürlich von einem Richter unterschrieben. So könne man auf eine lange und teure Gerichtsverhandlung verzichten. Das kommt wie folgt zustande: 2000 Pfund Geldstrafe für den illegalen Waffenbesitz und pro Waffe eine Sonderstrafe von 200 Pfund. Das sind zusätzlich entspannte 3000 Euro bei 15 Waffen, insgesamt also 5000 Pfund, die Haftstrafe muss unter 12 Monaten bleiben, da sonst eine Gerichtsverhandlung obligatorisch ist, bei 9 Monaten reicht der zugestellte Strafbefehl aus."

„Kompliment, DCI Crawford", applaudierte Brown, „Sehr gut gelöst, das ist mehr Druck, als der Archie mit seinem Verdienst tragen kann. Da sollte er sich an seinen Führungsoffizier in Russland wenden, um aus der Sache rauszukommen, sprich, Geld organisieren, und dann haben wir ihn."

Da freuten sich alle im Büro, nur fragte sich Jones irgendwie, worüber eigentlich.

Dann sprach Brown also: „Wir sind auf einem guten Weg. Jetzt, denke ich, noch ein kleiner Anstoß und Archie Harrison fällt." Und dann führte er aus: „DCI, wir brauchen wenn es sein muss, kurzfristig einen Abschleppwagen, kriegen Sie das hin?"

„Kein Problem, wir haben einen Abschlepper, der für uns fährt. Warum?" fragte der DCI.

„Ich möchte, sobald Archie seinen Wagen irgendwo nicht regelkonform abstellt, diesen sofort abschleppen und in die Polizeigarage bringen lassen. Da können wir dann den Wagen in aller Ruhe untersuchen, denn der Wagen ist das letzte was wir noch nicht untersucht haben. Das machen wir einfach dann. Für Mr. Harrison wird es der nächste Tiefschlag sein und dann hoffe ich mal, dass er in die Knie geht."

„Den Kerl haben Sie aber wirklich auf dem Kieker. Ich hoffe mal, dass wir da Erfolg haben werden: ‚meinte der

DCI zu Brown. „Aber wie stellen Sie sich vor, den wichtigen Regelverstoß zu entdecken.“

„Ganz einfach, wir observieren den, bis wir ihn haben. Kommt Zeit, kommt Rat.“

Da stand der DCI auf und meinte: „Guter Plan und wir hören voneinander.“ Dann verließ er das Büro.

Jones schaute verwundert drein: „Du bist ja wie ein Kampfhund im Blutrausch. Du willst den Harrison zur Strecke bringen, stimmt's, Brown.“

„Ja“, fauchte Brown zurück. „Ich will es endlich hinter mich bringen. Mir geht dieses Rosyth auf den Keks und das Hotel auf den Geist, ich will wieder heim nach London und den Harrison im Knast sehen, Punkt aus und vorbei. Ich will heim und auf dem Rückweg noch ein paar Kisten Scotch mitnehmen und sonst nichts.“

Da dachte sich Jones im Geheimen, na wenn sich da Brown nicht zu sehr reinsteigert, aber wenn er das will, soll er es durchziehen.

Dann meinte Brown zu Jones: „Komm, lass uns Archie finden, observieren und dann abräumen.“

Und er stand auf und erwartete, dass auch Jones es ihm gleichtat. Dieser tat ihm den Gefallen und dann verließen beide das Büro und dann ab zum Wagen von Brown. Sie dachten, der erste Weg von Archie wird sicher der zum Duffy Place sein, Archies Adresse in Rosyth, und da fuhren sie dann hin, positionierten sich einige Meter von Archies Wohnung und warteten darauf, dass sich Archie rühret, denn sein rostiger Geländewagen stand schmutzig vor der Tür.

Als Brown den Eimer sah, meinte er lakonisch zu Jones: „Kann man den überhaupt abschleppen oder bricht der einfach durch, wenn man den Rostkübel anhebt?“

Da wurde es Jones echt zu viel, er wurde wütend: „Brown, was ist los mit dir? Nur weil wir hier in einem 80.000-Pfund Mietwagen, vom Steuerzahler bezahlt, sitzen, so musst du dich doch nicht noch mehr über den armen Tropf echauffieren. Der kann nichts dafür, der hat einfach nicht mehr Geld. Was soll er tun? Ja, er vertickt Geheimnisse an die Russen, dass müssen wir halt nur beweisen. Also, bitte, Brown, arbeite dich nicht an dem Kerl ab, der ist ein Leichtgewicht gegen uns, wir sind Profis, er ein blutiger Amateur. Wenn der Dreck am Stecken hat, kriegen wir ihn. Wenn er unschuldig ist, haben wir ihn zerstört. Ist dir das eigentlich klar, Brown?"

Da schaute Brown verwundert:" Skrupel, Jones? Was ist los mit dir? Das ist unser Mann, keine Sorge, und das werden wir beide beweisen. Und nun konzentrieren wir uns besser darauf, Mr. Harrison zu überführen. Und warum zerstören wir den?"

„Ach, komm, Brown stell dich nicht dümmer, als du bist. Den haben wir am Haken wegen Schreckschusswaffen, die unter seiner Matratze liegen, also, die er nicht mal trägt. Und wenn ich nicht bei ihm eingebrochen wäre, wüsste niemand von denen. Jetzt muss er fast ein halbes Jahr dafür arbeiten, um der Haftstrafe zu entgehen oder einfach mal 9 Monate in den Bau wandern, also wenn wir dem nicht Schaden, wem dann?

Da meinte Brown entspannt: „Lass uns das Ding hier endlich abschließen, ehe wir uns noch Dinge sagen, die unsere Teamfähigkeit beeinträchtigen würden." Und damit war das Gespräch für Brown beendet.

Also saßen sie stumm im Range Rover und warteten darauf, dass Archie sich rührte.

So verging Minute um Minute, zwischendurch fuhr Ila

mit dem Audi weg und Archie blieb wohl noch in seiner Wohnung.

Gut eine halbe Stunde später kam auch Archie raus, bekleidet in Jeans, Hemd, Lederjacke und Stiefel, stieg in seinen Geländewagen und fuhr in das Stadtzentrum und die beiden Agents hinten dran. Nach gut einer Viertelstunde wollte er vor der Filiale der Royal Bank of Scotland parken, nur war vor der Bank war wie üblich kein Platz frei, die einzigen freien Parkplätze waren Behindertenparkplätze und dem geneigten Leser sollte spätestens in diesem Moment klar sein, dass Archie nicht der Hellste war und von einem Fettnäpfchen ins nächste trat. Er stellte den Wagen wie von den beiden Agents gewünscht an einem Platz ab, wo er ohne Probleme abgeschleppt werden konnte.

Brown rief im Polizeirevier an und bestellte den Streifenwagen und auch den Abschleppwagen zur Filiale der Royal Bank of Scotland in der 52/54 East Port Road und er bat sich Tempo aus, es sei wichtig.

Archie verschwand unterdessen in der Bank und bei Brown und Jones stieg der Adrenalinspiegel, denn jetzt zählte jede Sekunde.

Nach gut sechs Minuten kam ein Streifenwagen, wo ein Mützenträger ausstieg, schnell das Strafticket schrieb und unter den Scheibenwischer klemmte. Der Scheibenwischer klatschte gerade auf die Windschutzscheibe als der Mercedes-Abschleppwagen in knallrot vorfuhr.

Der Polizist machte noch ein paar Fotos vom Fahrzeug und allen vier Reifen, dann beeilte sich der Abschlepper, den Wagen sehr schnell auf seine Ladefläche zu bugsieren und mit Klammern an den Reifen zu sichern. Und nach weiteren acht Minuten war der Wagen weg und die beiden Agents warteten, bis Archie wieder erschien, denn inzwischen fragten sich die zwei, was er denn so lange in der Bank trieb. So voll war sein Konto ja nicht, dass eine Auszahlung so lange dauern würde.

Um ein wenig weiter zu kommen springen wir mal zu Archie, der zu diesem Zeitpunkt noch zuhause war, es war der Moment, wo er zu Ila sagte: „Ila, sei so gut und fahre schon mal vor nach Edinburgh, ich will mal zur Bank und nachfragen, ob die Möglichkeit besteht, mir ein wenig finanziellen Spielraum zu verschaffen, wenn die Strafe auf mich zurollt."

Das leuchtete Ila ein und sie gab Archie einen Kuss und meinte: „Dann komm aber bald." Und sie nahm ihre Jacke, zog sie an, nahm sich die Handtasche und verließ die Wohnung.

Archie unterdessen zog sich an, schnappte sich die Wagenschlüssel, verließ die Wohnung und stiefelte zu seinem Feroza, stieg ein und fuhr ruckelig durch Rosyth, denn seine groben Geländewagenreifen spürte er bis ins Lenkrad.

Als er endlich bei der Bank ankam, passierte das, was er jetzt am wenigsten gebrauchen konnte, alle Parkplätze weit und breit besetzt. Er schrie vor Wut, das könne doch nicht sein, und schlug auf das Lenkrad: „Scheiße, haben die denn alle kein Zuhause?" Er schüttelte mit dem Kopf und dann meinte er zu sich, was soll's, letzte Nacht im Knast, was soll denn noch Schlimmeres kommen. Und er tat mal wieder etwas, was er besser nicht tun sollte, er stellte den Wagen auf einem der zwei freien Behindertenparkplätzen ab, sollte ja nicht so lange dauern, dachte er.

Er schloss den Wagen ab, ging in die Bank und suchte seinen Bankberater Alistair Flanagan, den er schon seit einigen Jahren kannte, er war zwar jünger als er, Anfang 40, etwas pummelig, aber ein entspannter und gemütlicher

Mann mit kurzen schwarzen Haaren, der hatte ihm schon so manches Mal aus der Patsche geholfen.

Er saß rechts vom Eingang, hinter dem kleinen Empfang, es war eine lichtdurchflutete Halle, alles in weiß-blau gehalten mit hellen Möbeln und entspannter Atmosphäre, mit im Raum verteilten Schreibtischen, hinter denen verschiedene Bankberater ihre Kunden berieten. Es war alles sehr offen, nur hier und da mit Trennwänden auf Rädern abgegrenzt.

Im linken Bereich gab es ein paar Schalter und hinter Panzerglas saßen ein paar Bankangestellte, die dann auch Geld auszahlten oder annahmen.

Aber zu Archies Leidwesen hatte Flanagan schon einen Kunden, so hieß es, sich vorne am Empfang zu melden und ein Gespräch mit Alistair zu erbitten.

Die junge Dame am Empfang bat ihn, sich in den Besucherbereich zu setzen und warten, sie sage Bescheid, wenn Mr. Flanagan frei für das Gespräch sei. Also platzierte sich Archie in einen Sessel und wartete, bis es voran gehen würde.

Nach gut 15 Minuten kam die junge Lady zu Archie und meinte: „Folgen Sie mir, Mr. Harrison. Mr. Flanagan hat jetzt Zeit für Sie."

Da erhob sich Archie und folgte der Lady zu Alistairs Schreibtisch und als er dort angekommen war, drehte die Lady ab und Alistair erhob sich lächelnd und streckte Archie die Hand entgegen, die dieser ergriff, und meinte: „Hallo Archie, schön, dich mal wieder zu sehen. Was kann ich für dich tun?" Und er machte ihm ein Handzeichen, sich zu setzen.

Da setzte sich Archie und begann zu reden: „Hallo Alistair, ich bin mal wieder hier, weil ich tief in der Scheiße sitze, und ich wollte dich fragen, ob du mir einen kleinen Kredit bewilligen kannst, damit ich eine Geldstrafe zahlen kann.“

Da spitzte Alistair die Ohren und fragte: „Geldstrafe? Wie hoch? So, wie du hier sitzt, wird es sicher mehr als ein Ticket für zu schnelles Fahren sein, also was ist los?“

Da begann Archie zu erzählen, dass er mit einem Strafbefehl von Gericht rechnen würde, er hatte ein paar Schreckschusswaffen. Das hatte wohl einer an die Polizei weitergegeben und so erwarte er jetzt einen Strafbefehl wegen illegalen Waffenbesitzes.

Da schaute Alistair etwas verwundert: „Wegen ein paar Schreckschusswaffen? Wie krass ist das denn? Hier in Schottland hat fast jeder Landwirt, Lord oder sonstwer eine Langwaffe, Schrotfinte oder auch andere scharfe Waffen und dir wollen die wegen Schreckschusswaffen ans Leder? Ich fasse es nicht.“

Dann tippte Alistair ein wenig auf der Tastatur seines PCs herum und meinte zu Archie: „Gut, Archie, ich kann dir bei deinem Verdienst, sorry, nicht Verdienst, eher Hungerlohn, nur 2000 Pfund anbieten, auf 24 Monate verteilt mit 100 Pfund Abschlag im Monat, da wirst du dich weiter einschränken müssen, aber ich hoffe, das hilft dir weiter.“

Da fiel Archie ein Stein vom Herzen, er sagte sofort zu und keine zehn Minuten später war alles erledigt und Archie war schon etwas erleichterter. Er bedankte sich sehr bei Alistair und verließ die Bank, um zu Ila nach Edinburgh zu fahren.

Als er nun wieder draußen war und zum Parkplatz ging, wo er seinen Feroza abgestellt hatte, parkte dort ein VW Tiguan mit einem Behindertenaufkleber in der Windschutzscheibe. Da rutschte Archie das Herz in die Hose und er wusste, da sich sicherlich sein hässlicher Feroza nicht in einen schönen, neuen Tiguan in Weiß verwandelt haben dürfte, hatte er wieder ein Problem und er fluchte in sich hinein: Warum? Was habe ich nur verbrochen?

Da rollte gerade ein dunkler Schatten an ihm vorbei, in dem saßen Brown und Jones und freuten sich, dass ihr Plan so perfekt aufgegangen war. Sie fuhren umgehend in die Polizeigarage, um sich Archies Auto anzusehen.

Archie stand wie versteinert neben dem Tiguan, nestelte nach dem Handy und überlegte, was er als nächstes machen sollte. Also erst mal beruhigen, Herzschlag etwas runterfahren und überlegen.

Ok, der Wagen war weg, entweder geklaut oder abgeschleppt und in beiden Fällen ruft man ja eigentlich die Polizei. Obwohl Archie im Moment etwas allergisch auf die Polizei reagierte, musste er diese wohl anrufen. Also wählte er die Nummer der Polizei und meldete sein Auto als gestohlen oder abgeschleppt.

Da sagte der Polizist am anderen Ende der Leitung: Bitte geben Sie mir Ihre Daten und die des Fahrzeuges durch."

Da leierte Archie die gewünschten Daten herunter: „Archie Harrison, wohnhaft Duffy Place 56, und mein Wagen ist ein Daihatsu Feroza mit dem Kennzeichen M434SF."

„Ist ja ein ganz schön alter Wagen, oh Mann, der wurde sicher nicht gestohlen, denke ich", meinte der Polizist am anderen Ende der Leitung.

Das verwunderte Archie schon sehr, dass der Polizist sogar schon wusste, wie alt sein Auto war. Das gab er auch zum Ausdruck, aber da beruhigte ihn den Polizist: "Das liegt am Nummernschild, diese Nummernschilder sind nur bis 2001 ausgegeben worden und ab dann gibt es etwas veränderte Kennzeichen und das M sagt mir, dass dieses Nummernschild 1994 ausgegeben wurde, keine Hexerei. Das kann man sogar ohne PC herausfinden, wenn man Bescheid weiß. Es gibt natürlich auch Sonderkennzeichen, aber die sind oft mehr wert als das ganze Auto. Wo hat denn der Wagen gestanden?“

Da gab Archie kleinlaut zu, dass er ihn auf einem Behindertenparkplatz von der Royal Bank of Scotland 52/54 East Port Road abgestellt hatte.

Da hörte er den Mann am anderen Ende der Leitung auflachen der ihm eröffnete, dann werde der Wagen wohl abgeschleppt worden sein, er werde sich mal darüber informieren wohin der Wagen verbracht wurde, Archie möge bitte in einer Stunde wieder anrufen. Dann legte der Mann am Telefon auf und ließ den genervten Archie zurück.

Was sollte er jetzt machen? Am besten in das nächste Café gehen und Ila anrufen, dass es wohl später wird. Also gesagt und getan, ab in das nächste Café, sich einen Café Americao bestellen und dann bei Ila anrufen.

Als sie hörte, was schon wieder anlag, meinte sie nur: „Archie, du hast im Moment wirklich nur Stress und dann stellst du dein Auto auch noch ins Parkverbot? Du lernst es echt nie.“ Und sie legte genervt auf.

So saß Archie seine Zeit im Café ab und die Stunde wollte nicht vergehen.

Unterdessen waren Brown und Jones bei der großen Polizeigarage angekommen, einer großen Halle mit drei Rolltoren mitten in Rosyth, stellten ihren Range Rover neben einem Tor ab und betraten die Halle durch ein offenes Rolltor. Hier standen einige Mannschaftstransporter, auch Geländewagen und ein paar Vauxhaull Insignia und Astra als Streifenwagen.

Neben dem ersten Tor stand der abgeschleppte Geländewagen und auf den gingen die zwei dann zu. Brown schaute sich den Wagen jetzt genauer an und er fühlte sich bestätigt, das dies nur ein sehr schrottiger Wagen war.

Er fragte Jones, der an der Heckklappe stand: „Kriegst du den auf oder müssen wir einen Türöffner rufen?"

Da winkte Jones ab: „Kein Problem, die Schlösser sind so alt, die bekomme ich leicht auf."

Dann griff er in die Tasche und holte sein Einbruchswerkzeug, ein kleines Etui, heraus, nahm es heraus, schob er vorsichtig ins Schloss der Fahrertür, drückte auf den Knopf, drehte dann am Werkzeug und, knack, war die Tür auf. Er kroch in den Wagen und griff zur Beifahrerseite, um auch diese Tür zu entriegeln.

Dann stieg auch Brown in das Auto. Beim ersten Ansehen war zu sehen, dass der Wagen keine Rücksitze besaß. Es war nur noch der Fahrer- und Beifahrersitz vorhanden, dahinter eine große Ladefläche. Der Wagen sah auch innen recht verlebt aus, das Lenkrad abgegriffen und das Plastik an den Türen und Fenstern angeplatzt oder gebrochen. Das Kassetten-Radio war auch ein wenig ausgenudelt, Die Blende war an der linken Seite schon stark abgenutzt und teilweise abgebrochen.

Da gingen beide erst mal zu einer Werkbank, auf der eine Box mit Plastikhandschuhen stand. Besser ist besser, dachten sie und zogen sich jeder ein Paar an.

Brown räumte als erstes das Handschuhfach aus. Blätterte alles, was darin war, durch oder schaute sich jedes Schriftstück an. Aber nichts, was interessant war. Dann kramte Jones unter dem Fahrersitz herum, aber mehr als einen Radschlüssel und eine Warnweste fand er nicht.

Brown tat es ihm gleich und suchte unter dem Beifahrersitz, aber bis auf ein paar alte Parkzettel war nichts zu sehen. Dann nahmen sie die Fußmatten heraus, um zu sehen, ob was darunter lag, aber es war nur klamme Feuchtigkeit zu finden.

Also bis jetzt war nicht wirklich was zu finden, also ab nach hinten und dann die Ladefläche untersucht.

Also machte Jones mit einem Knopf in der Mittelkonsole die backdoor auf und Brown öffnete die sich nach rechts öffnende Heckklappe. Dann machte Brown ein Foto, um später alles wieder dahinzulegen, wo es vorher gewesen war.

Dann schauten sie sich um, rochen den Muff und die Feuchtigkeit und begannen in alle kleinen Fächer, Spalten und Ritzen zu schauen, aber nichts außer Unrat und älterem Krempel war zu finden.

Also holten sie alles aus dem Auto, was drin war. Einen Korb mit Reservekanister und einen kleinen Koffer mit Starthilfeutensilien. Eine Tasche, in der ein großer Wagenheber lag. Eine Magnettaschenlampe. Eine Decke, die Brown vorsichtig ausschüttelte. An der linken Seite, am Radkasten, war ein Klappspaten befestigt und ein kleiner Kompressor, der über den Zigarettenanzünder betrieben wurde. Der Teppichboden war zu ihrer Überraschung noch immer mit dem Boden verklebt, er ließ sich nicht vom Bodenblech heben.

Da grinste Jones und meinte: „Brown, das Reserverad hängt hinten an der Klappe, der Wagen hat keine Reserveradmulde.“

Da hob Brown die Schultern und dann begannen sie den ganzen Krempel wieder so in das Auto zu legen, wie Sie es vorgefunden hatten, es sollte ja nichts auffallen.

Als alles wieder im Wagen lag, mussten sie wohl eingestehen, auch da war nichts zu holen.

Also rief Brown im Polizeirevier an und sagte Bescheid, man könne Archie sagen, wo er seinen Wagen abholen kann. Dann schloss Jones noch schnell den Wagen ab und dann verschwanden sie wieder. Das war mal wieder viel Rauch um nichts, aber so ist es, dachte sich Brown, mal gewinnt man, mal verliert man.

Archie unterdessen rief nach gut einer Stunde wieder im Revier an und fragte, ob man denn nun seine Wagen gefunden hätte. „Ja“, antwortete ihm der Polizist, „der Wagen steht in der Polizeigarage in der Queensferryroad 12, aber bevor Sie den Wagen abholen können, müssen Sie noch im Polizeirevier am Crossroad Place vorbeikommen, um das Parkticket in Höhe von 60 Pfund zu bezahlen, und 240 Pfund für den Abschleppwagen, also 300 Pfund, und bitte in bar.“

Das verschlug Archie glatt die Sprache, kaum gewonnen, so zerronnen, zuerst einen Kleinkredit erbettelt und am Abend waren schon wieder 300 Pfund weg, das ging ja gut weiter. Also stapfte er wütend erst zum Bankautomaten und zog sich 500 Pfund von dem soeben erhaltenen Kredit und dann verärgert zur nächsten Bushaltestelle, um mit dem Bus zum Crossroad Place zu fahren.

Gut 25 Minuten später stieg er wieder aus dem Bus, ging die letzten 400 Meter zum Polizeirevier, begab sich sofort an den Tresen und sprach den Hemdträger dahinter an: „Guten Tag, Sir, mein Name ist Harrison, Sie haben meinen Wagen in Gewahrsam, den möchte ich bitte auslösen.“

Der Hemdträger kam zu Ihm an den Tresen und meinte lächelnd: „Ja, Mr. Harrison, ich kenne Sie, wir haben telefoniert.“ Dann hielt er Archie eine Schreibunterlage mit verschiedenen Papieren hin: „Bitte unterschreiben Sie jedes Blatt unten rechts, ein Durchschlag für Sie, einer für unsere Akten und einer für den Abschlepper."

Dann tat Archie auch dieses und der Polizist erbat die 300 Pfund, die Archie zähneknirschend zahlte. Schließlich bekam er eine Quittung und einen Schein, aus dem hervorging, dass er berechtigt war, seinen Wagen wieder abzuholen. Dann rief der Polizist nochmal in der Garage an, meldete Archie an und rief dann zu ihm herüber: „Möchten Sie, dass Sie jemand von uns in die Queensferry Road fährt, Sir?"

Da überlegte Archie nicht lange. Lieber ging er einen Kilometer zu Fuß, als sich noch einmal in einen Streifenwagen zu setzen. Er danke und verneinte, dann fragte er: „Darf ich gehen, Sir?"

„Ja, Sir, wir sind mit Ihnen fertig. Sie können gehen."

Dann machte sich Archie also zu Fuß auf den Weg, seinen Geländewagen wieder heim zu holen. Es war dieselbe Straßen, in der auch der Supermarkt lag, wo er arbeitete, nur am anderen Ende, denn die Queensberry Road war eine wirklich sehr lange Straße.

Nach gut 20 Minuten stand er am Tor der Polizeigarage und klingelte. Ein Mann in einem blauen Arbeitsanzug öffnete die Tür und Archie zeigte ihm seinen Berechtigungsschein. Da ließ ihn der Mann eintreten und zeigte auf den Geländewagen, der neben dem Tor stand. Ja endlich, da stand sein General und den nahm er mit.

Der Mann in der blauen Arbeitskleidung öffnete das Tor in der Halle und auch zur Straße und Archie konnte endlich zu Ila nach Edinburgh fahren, etwas später als gedacht, aber jetzt ging es los. Er fädelte sich in den Verkehr ein und war froh, endlich wieder auf Achse zu sein.

Unterdessen saßen Brown und Jones wieder in ihrem Büro im Polizeirevier und grübelten, was sie noch anstellen konnten, um endlich voranzukommen, langsam wurde es echt zäh.

Was konnten sie denn noch tun, um Harrison zu überführen. Sie wollten ja nicht noch den Frühling hier verbringen.

Da kam Jones eine Idee und die unterbreitete er Brown auch sofort: „Brown, ich denke, wir sollten für Archie einen Köder auswerfen und dazu brauchen wir Angus Campbell."

„Was stellst du dir vor?", fragte Brown.

Da grinste Jones: „Lass mich mal machen und hör zu." Dann griff er zum Telefon und wählte die Nummer von Angus Crawford, zuerst landete er bei seiner Vorzimmerdame, die ihn aber schnell an Angus weiterleitete.

Als nun Angus am Telefon war, sprach ihn Jones an: „Guten Tag, Mr. Campbell, Jones vom MI 5 ist hier, ich muss leider sagen, wir brauchen Ihre Hilfe. Wären Sie bereit, uns diese zu gewähren?"

Da wurde Angus misstrauisch und er fragte: „Was kann ich denn für Sie tun?"

Da erklärte ihm Jones seinen Plan: „Tun Sie uns bitte den Gefallen und rufen Sie morgen Archie Harrison an und schicken ihm einen Einkaufszettel. Den Einkauf soll er Ihnen dann am Nachmittag vorbeibringen. Sagen Sie ihm bitte eindringlich, Sie hätten keine Zeit, zum Einkaufen zu fahren. Ihre Frau ist mit den Kindern unterwegs und das Wichtigste, Sie müssten geheime Papiere fertigmachen. Und dann schicken Sie ihn, wenn er in Ihrem Büro ist, mit den Geheimpapieren in den Kopierraum, um Kopien zu machen. Wir haben inzwischen eine kleine Kamera im Kopierraum installiert und schauen uns alles aus dem Konferenzraum auf dem Laptop an. Da werden wir dann sehen, ob er eine Kopie für sich abzweigt. Kriegen Sie das hin, Mr. Campbell?“

„Ja, Mr. Jones, das ist, denke ich, kein großes Problem, aber ich hoffe, dass diese leidige Geschichte dann endlich ausgestanden ist. Das Ganze wird mir mittlerweile wirklich ausgesprochen lästig. Ich werde Archie morgen auf der Arbeit anrufen, einiges bei ihm bestellen und ihn nach seinem Feierabend, also ab 16 Uhr, in die Firma kommen lassen und Sie können sich hier gerne häuslich einrichten, ist das in Ihrem Sinne? Wenn ja, lassen Sie uns das Gespräch beenden. Ich fühle mich nicht sehr wohl, dem Freund meiner Schwester eine Falle stellen zu müssen, das können Sie mir glauben. Also bis Morgen, meine Herren.“ Und er legte auf.

Brown meinte wirklich überzeugt: „Perfekt, Jones, der Plan ist eigentlich todsicher, jetzt muss Archie nur noch in die Falle tappen und wir haben endlich Ruhe und können heim.„

Da Griff Jones zum Telefon und rief DCI Crawford an, und als er ihn an der Strippe hatte, fragte er ihn, ob sie im Revier eine kleine Überwachungskamera haben, die brauchen sie, um eine Überwachung zu filmen.

Da erwiderte der DCI sehr schnell: „Ja, sowas haben wir im Keller zur besonderen Verwendung, die nutzen wir manchmal, um die Ausnüchterungszellen zu überwachen, aber jetzt lasse ich Ihnen diese gerne ins Büro bringen, meine Herren. War das ansonsten alles? Ich müsste mich noch um andere Dinge kümmern.“

Da waren die beiden mehr als zufrieden, keine fünf Minuten später brachte ein Polizist eine kleine Überwachungskamera und einen Laptop als Überwachungsmonitor, also alles, wie sie es gewünscht hatten, perfekt.

Dann machten sich die zwei auf den Weg, um sich etwas zum Dinner zu besorgen.

Sie stiegen in Browns Range Rover und fuhren durch die Stadt, das Hotelessen wollten sie sich nicht wieder antun. In der 108 Park Road wurden Sie fündig.

Da kehrten sie in Ghillies Steakhouse and Grill ein. Das Restaurant war nur spärlich besucht, da konnten die zwei sofort an einem Zweiertisch Platz nehmen und der Ober brachte ihnen die Speisekarten.

Nach kurzer Überlegung entschied sich Brown für gebratene Hühnerbrust mit Frühkartoffeln und Saisongemüse und einen Yorkshire Pudding zum Nachtisch und zum Essen ein großes Guinness und Jones ließ sich eine Grillplatte kommen, mit Rumpsteak, Würstchen, Hühnerbrust mit Zwiebelringen, gegrillte Tomate, Pilze, Kartoffelstampf, zwei Spiegeleiern und dazu ein großes Guinness. Das hatte er sich verdient, meinte Jones.

Als beides endlich vor den Herren stand, mussten sie sagen, dass das Essen wirklich sehr gut aussah und noch viel besser schmeckte. So vertilgten sie die Köstlichkeiten und als dieses geschehen war, ließen sie sich die Rechnung bringen und verließen gesättigt das Restaurant.

Im Hotel setzten sie sich noch in die Bar und gönnten sich diverse Whiskys, die ihnen die junge Inderin hinter der Bar vorstellte, es war eine kleine Auswahl an Whishys aus der Region Speyside. die waren nicht so Allgisch und Medizinisch und Herb im Abgang, wie so manche Whiskys von den vorgelagerten Inseln, sie waren eher blumig und fruchtig. Nachdem sie vier Doppelte getrunken hatten, trennten sie sich wortlos und hofften, dass morgen endlich alle Beweise vorlagen, um den Fall abzuschließen.

Kapitel 12

Eine Falle wird gelegt

Am nächsten Morgen nach einem sättigendem Frühstück mit Rührei, Bacon und Würstchen beratschlagten Jones und Brown, wie sie die Sache angehen wollten.

Da meinte Jones, der schon einen leichten Lagerkoller hatte: „Lass uns mal den Vormittag Pause machen, wir müssen doch nicht schon wieder den ganzen Tag aufeinander hocken. wir beide Machen mal einen ruhigen Vormittag und werden uns gegen 15 Uhr in der Firma von Angus treffen, dann bauen wir schnell die Kamera auf und warten ab. Wir kommen doch zu einem Ergebnis, da müssen wir uns jetzt nicht wieder gegenseitig nerven."

„Hervorragende Idee, Jones", meine Brown. Dann fahre ich mal los und besorge mir ein paar Kisten Scotch. Dic will ich ja mitnehmen, wenn wir wieder heimkehren, und ich habe das Gefühl, es wird bald so weit sein."

Also trennten sich die zwei erst mal für ein paar Stunden, um die Köpfe frei zu machen, denn die Jagd ging beiden Agenten wohl mehr an die Substanz, als sie das eigentlich zugeben würden.

Gegen 15 Uhr trudelten die beiden Range Rover nach und nach ein, zuerst Jones, dann Brown, und dann ließen sich beide in das Büro von Angus bringen, der, als beide nun vor ihm saßen, gleich vorausschickte: „Bitte machen Sie hier nicht so einen Stress und bringen Sie mir keine Unruhe in die Firma. Ich habe Archie einen Einkaufszettel gemailt und er hat geantwortet, gegen 16:15 Uhr hier sein will zu wollen. Also, meine Herren, bauen Sie die Kamera auf und sorgen Sie endlich für Ergebnisse, denn langsam trübt das die Stimmung nicht nur von mir, sondern auch in der Firma."

Dann erhoben sich Brown und Jones und sie folgten Angus in den Kopierraum, wo die Kamera in einem Aktenordner versteckt wurde, die Kamera lugte durch das Griffloch des Aktenordners und wurde durch eine Lichtschranke eingeschaltet. Jones klappte noch die vordere Klappe des Kopierers auf und schrieb sich vom Zählwerk den Wert auf, er zeigte 2824, der Wert war wichtig für das, was sie vorhatten. So würde jeder gefilmt werden, der sich dem Fotokopierer näherte.

Als das erledigt war, verzogen sich Brown und Jones in den Konferenzraum und wartete auf Archie, den sie ja zu überführen gedachten.

Gegen 16:20 Uhr wurde es etwas turbulent auf dem Flur, denn Archie kam herein und brachte Angus die Einkäufe vorbei. Nach der üblichen Begrüßung schob Archie den Einkaufskorb unter den Tisch von Angus und drückte ihm den Kassenbeleg in die Hand. Wie Brown und Jones hören konnten, meinte Angus wohl, dass er das Geld wohl umgehend überweisen werde und er bat Archie doch mal mit diesem USB-Stick in den Kopierraum zu gehen und von dem Plan darauf sechs Kopien zu machen, es sei sehr dringend, es komme jede Minute ein Bote, der die Pläne abholen würde. Und er ging mit Archie zum Kopierraum, öffnete die gesicherte Tür, drückte ihm den USB-Stick in die Hand und meinte; „ Sechs Kopien bitte" Und Angus verschwand wieder in seinem Büro.

Die beiden Agenten konnten über die aufgestellte Kamera und den Laptop sehen, wie Archie sich erst mal eingehend mit dem Kopierer beschäftigte. Als er ihn wohl verstanden hatte, steckte er den Stick in die Öffnung am Kopier und kopierte. Als dies erledigt war, sammelte Archie die Papiere ein, zog den Stick heraus und ging wieder ins Büro von Angus zurück, legte ihm die Papiere und den USB-Stick auf den Schreibtisch und sagte noch zum telefonierenden Angus: „Grüße Merida und deine Kids, wir sehen uns." Dann winkte er zum Abschied und verschwand.

Archie war noch nicht ganz weg, da stürmten Jones und Brown in das Büro von Angus, sodass der schon erschrocken das Telefonat beendete.

Brown fragte Angus: „Wie viele Kopien liegen denn vor Ihnen?"

Angus zählte und meinte: „Sechs." Und er reichte die Kopien an Jones weiter, der dann zählte und auch auf sechs kam, also da konnten sie erst mal nicht ansetzen.

Da bat Jones Angus, den Kopierraum nochmal zu öffnen, und er ging zum Kopierer und öffnete wieder die Klappe und auf dem Zählwerk stand 2830, also keine Kopie mehr, als auch abgegeben wurde. Sehr eigenartig, dachte Brown. Wieder in der Sackgasse gelandet.

Dann gingen die drei in den Konferenzraum und schauten sich die Aufzeichnung an, die die Kamera von Archie gemacht hatte, eigentlich nichts ungewöhnliches, nur ein Mann beim Kopieren, sonst nichts.

Plötzlich sah Jones was aus dem Augenwinkel im Büro von Angus Campbell, da wuselte ein Schatten durch das Büro, wischte Staub und leerte den Papierkorb und plötzlich ging ein Staubsauger an und die Frau kam ins Bild, wohl um die vierzig mit streng nach hinten gekämmten schwarzen Haaren und einem Arbeitskittel. War wohl die Putzfrau, dachte sich Jones.

Die drei schauten immer wieder auf den Film aus dem Kopierraum und suchten nach der Lösung, als plötzlich der

Staubsauger ausging und die Putzfrau damit begann, den Tisch abzuwischen. Plötzlich segelten ein paar Blätter vom Tisch, die sie aber schnell wieder aufhob und wieder auf den Tisch legte, was Jones interessiert zur Kenntnis nahm. Dann fragte er plötzlich Angus Campbell: „Wer ist das da in Ihrem Büro, wenn ich fragen darf, Sir?“

Da schaute Angus auf und meinte entspannt: „Das ist unsere Putzfrau Elena, die putzt zweimal die Woche hier im Verwaltungstrakt und zweimal die Woche bei mir zuhause, alles offiziell angemeldet.“

„Aber, Sir“, empörte sich Jones, „diese Elena taucht in keiner Liste, der hier Beschäftigten auf, möchte ich mal anmerken.“

Da lachte Angus: „Die arbeitet hier doch nicht, die putzt hier zweimal die Woche, sonst nichts.“

Inzwischen war Elena wohl weitergezogen, denn das Büro war wieder leer. Jones saß auf seinem Stuhl und schaute so stur in die Richtung von Angus‘ Büro, dass ihn Brown ansprach: „Jones, was ist los? Was grübelst du? Irgendwas stört dich doch.“

Da antwortete Jones plötzlich: „Oh ja, und ich weiß jetzt auch, was mich stört.“ Er sprang auf und lief ins Büro von Angus und zu dem Papierstapel, der so theatralisch runtergefallen und von der Putzfrau sehr akkurat wieder an seinen Platz gelegt worden war. Und es traf ihn wie ein Vorschlaghammer, es waren die Pläne, die vorhin kopiert wurden. Er griff danach und zählte sie nach, fünf Stück. Ok, verzählt, er zählte wieder und es waren wieder fünf und jetzt wusste er, was hier eigentlich gelaufen war, und ihm war mehr als übel davon.

Brown und Angus haben ihre Zeit lieber weiter mit dem nutzlosen Video verbracht, dachte sich Jones, ging zu den beiden und sprach sie an: „Ihr braucht euch nicht mehr mit dem Video zu beschäftigen. Das könnt ihr löschen. Das wichtigste ist da nämlich gar nicht drauf, meine Herren. Folgt mir bitte mal in Mr. Campbells Büro."

Und er drehte sich um und die andern beiden folgten interessiert und fragten sich, was jetzt wohl kommen würde.

Dann griff sich Jones die Pläne und gab sie an Angus weiter zum Nachzählen. „Würden sie bitte mal nachzählen, Sir?"

Angus schaute etwas verwirrt, zählte aber dann, einmal zählte er und dann ein zweites Mal, aber das Ergebnis war immer das gleiche, ein Plan fehlte.

Da stürmte Jones aus dem Büro und rief: „Die Putzfrau ist der Maulwurf. Wir müssen sie greifen, bevor sie verschwindet." Dann lief er durch die Flure und Brown hinterher, auf der Suche nach der Putzfrau, die wohl mit dem Plan verschwunden war.

Nach ein paar Minuten fand er sie, als sie dabei war, in einer Toilette den Handtuchspender aufzufüllen.

Als sie ihn wieder schloss, hielt Jones ihr seinen Ausweis unter die Nase und sagte: „Sie stehen unter Verdacht, bitte folgen Sie uns umgehend."

Da griff sich Brown die Frau am Schlafittchen und zog sie hinter sich her in das Büro von Angus und Jones folgte ihnen, mit ihrem Putzeimer und dem Staubsauger.

Im Büro schloss Brown die Tür, setzte die Frau auf einen Stuhl und sagte zu Ihr: „Sie stehen in Verdacht, geheime Informationen an eine fremde Regierung weiterzugeben, und ich nehme Sie aus diesem Grunde fest."

Dann fragte er den erschrockenen Angus: „Ist die Lady verheiratet oder, anders ausgedrückt, hat sie einen Mann?"

„Ja, Sir", antwortete Angus

Da fauchte Brown: „Dann lassen Sie sich nicht alles aus der Nase ziehen, Mr. Campbell, wie ist der Name?“

Da kritzelte Angus den Namen auf einen Zettel und reichte ihn an Brown weiter. Der griff den Zettel, rief bei der Polizei an und ließ sich mit DCI Crawford verbinden dem gab er folgende Anweisung: „Bitte Fahndung nach Bartosz Kowalski einleiten und festnehmen, er sollte wohnhaft in Caledonia Way 98 in Rosyth sein, hat ein Reinigungsunternehmen, SoClean. Bitte festnehmen und zum Verhör mitnehmen. Danke, Sir.“

Dann legte er auf und sprach die Frau an: „Wer sind Sie? Und ich muss Ihnen sagen, dass wir Sie beim Entwenden von geheimen Informationen ertappt haben. Bitte geben Sie uns den entwendeten Plan umgehend zurück.“

Die Frau erwiderte entrüstet mit hörbar polnischem Akzent: „Mein Name ist Elena Kowalski und ich hab nichts getan. Was wollen Sie von mir? Ich habe nur sauber gemacht.“

Da lachte Brown auf: „Als wir dieses Büro verlassen haben, lagen hier sechs Kopien eines Plans auf diesem Tisch, als wir zurück kamen, nur noch fünf, und die Einzige, die in der Zwischenzeit in diesem Büro war, das waren Sie. Wie also, bitteschön, erklären Sie sich das?“

„Ich habe nichts getan, Sir, ich habe nur saubergemacht“, antwortete die Frau.

„So kommen wir nicht weiter“, meinte Jones und bat Brown, die Dame mit in den Konferenzraum zu bringen, denn sie wollten nicht noch länger das Büro von Angus okkupieren. Also schob Brown die Putzfrau in den Konferenzraum und Jones folgte.

Dort angekommen schüttetet er den Putzeimer mit den Putzutensilien aus, um zu sehen ob dazwischen vielleicht der Plan steckte. Nee, da war nichts und er sah dabei das triumphierende Lächeln der Frau und er wusste, irgendwo ist was, die Frage war nur, wo.

Plötzlich klingelte bei Brown das Handy und nachdem er sich gemeldet hatte, bekam er die Nachricht, dass die Polizei Bartosz Kowalski in seinem Büro in Gewahrsam genommen hatte und ihn jetzt ins Polizeirevier Crossroad Place brachte.

„Wir haben Ihren Mann. Haben Sie uns jetzt was zu erzählen, Madame?“

Doch die schaltete auf stur und meinte: „Ich habe nur saubergemacht, alles andere sollten Sie mir schon gerne beweisen.“

Da rief Brown bei den Kellerasseln in London an und gab ihnen den Auftrag, eine Überprüfung von Elena und Bartosz Kowalski, wohnhaft im Caledonia Way 98 in Rosyth, durchzuführen, einschließlich Kontoauskunft und das schnell.

Dann fragte Jones wieder: „Wo ist der Plan? Wir wissen doch, dass Sie ihn haben.“

Da lächelte Elena und meinte: „Wenn Sie wissen, wo der Plan ist, dann zeigen Sie ihn mir doch. Ich habe nichts versteckt und nichts zu verbergen.“ Und sie hob die Arme wie bei einer Leibesvisitation.

Da merkten Brown und Jones, dass die Dame nicht wirklich kooperieren wollte. Der musste nachgewiesen werden, dass sie was getan hatte.

Da fiel der Blick von Jones auf den Staubsauger, der einsam im Raum stand, ein Nilfisk Nass- und Trockensauger, Aero, nicht sehr groß, und mit vier Rollen ausgestattet, der plötzlich sein Interesse erweckte. Er stand auf, ging zum Staubsauger und schaute ihn sich mal etwas genauer an.

Die Putzfrau beäugte ihn belustigt bis ängstlich, das konnte Jones nicht wirklich deuten.

Da fragte Brown: „Jones, was ist denn? Du schaust den Staubsauger an als ob du R2D2 aus Stars Wars gefunden hast? Was ist denn an dem Sauger so besonders?“

„Lass mich mal machen, Brown, ich hab da eine Idee und die muss ich erst mal durchdenken.“ Und während er das sagte, fingerte er hier herum und fummelt da. Dann griff er zu zwei großen schwarzen Verschlüssen und öffnete sie. Dann zog er das Oberteil des Saugers ab, legte ihn zur Seite und dann hatte er gefunden, was er suchte. Der Plan lag unten im Sauger, sauber reingelegt und unbeschädigt, nur ein wenig verstaubt, jetzt hatten sie den Beweis. Da machte Jones schnell noch ein Beweisfoto und er war sehr zufrieden.

„Sie muss den Plan gegriffen haben und nachdem sie die restlichen Pläne wieder auf den Tisch gelegt hat, die beiden Schnappklipps geöffnet haben, um dann den Plan einfach unten im Staubsauger verschwinden zu lassen. Solange keine Flüssigkeit gesaugt wird, kann ihm ja nichts passieren, da unten im Behälter keine rotierenden Teile sind und eingesaut worden sein kann der Plan auch nicht, denn er ist völlig unberührt und heile.“ Er grinste Brown an. „Der Maulwurf ist ausgehoben, wir können Sir Powell melden, dass das Leck lokalisiert und geschlossen wurde. Wir haben den Maulwurf auf frischer Tat ertappt.“

Da kam Brown auf ihn zu und umarmte ihn: „Wir haben es geschafft, Jones, endlich, ich dachte so manches Mal, dass wir es nie hinbekommen, aber wir haben es.“

Dann rief Brown zuerst die Polizei an und bat darum, einen Streifenwagen zu schicken, eine festgenommene Person müsse abgeholt werden.

Nachdem das erledigt war, war sein nächster Anruf bei Sir Powell, dem verkündete Brown, dass sie den Maulwurf enttarnt hatten, es sei die Putzfrau, von der sie bis zum heutigen Tag nichts gewusst hatten, und morgen wollten sie nur noch die Hintergründe klären, um dann in den nächsten Tagen nach London zurückzukehren.

Das erfreute Sir Powell sehr und er konnte es offensichtlich kaum abwarten, das seinem Kollegen Fitzhume vom MI 6 unter die Nase zu reiben.

Dann trat Brown aus dem Konferenzraum, klopfte bei Angus an und meinte: „Alles klar, Sir, wir haben das Leck gestopft, wir nehmen Ihre Putzfrau mit auf das Revier und ich denke, nachdem wir den verschwunden Plan jetzt auch gefunden haben, dass es ohne Schwierigkeiten für eine Anklage reichen wird. Sie sollten sich eine neue Reinigungskraft suchen."

Dann wollte er gerade gehen, aber er drehte sich nochmal um und meinte: „Wenn Sie gebeten werden, eine Liste zu erstellen, von Personen die hier ein- und ausgehen, dann vergessen Sie beim nächsten mal bitte nicht, dass hier auch Leute wie Elena, Ihre Putzfrau, ein- und ausgehen, die gehört selbstverständlich dann auch auf die Liste. Wir haben viel Zeit und Energie verschwendet und dem Freund Ihrer Schwester völlig zu unrecht das Leben zur Hölle gemacht. Und was ist er in Wirklichkeit? Ein armer Tropf aber wie wir jetzt wissen, kein russischer Spion. Das, Mr. Campbell, sollten Sie bedenken, wenn Sie wieder mal vergessen, einen Namen auf eine Liste zu setzen."

Draußen herrschte Tumult, denn die Polizeibeamten führten gerade die verdächtige Elena ab, die sich widerwillig aber widerstandslos abführen ließ. Sie wurde in den Streifenwagen verbracht, der Staubsauber mit dem Plan folgten und dann fuhr der Streifenwagen ab.

Brown und Jones unterdessen fuhren in getrennten Wagen hinterher.

Im Polizeirevier ließen Sie die Putzfrau gleich in den Keller bringen und dort in eine Zelle sperren. Dann gingen sie zum DCI und nach dem Anklopfen traten sie ein. Der DCI war hocherfreut, dass der Maulwurf endlich enttarnt war.

„Also war der ganze Stress, den wir Archie Harrison gemacht haben, völlig unnötig, meine Herren. Wir haben den durch ein Stahlgewitter gejagt und er wusste nicht mal, wie ihm geschah. Schlimmer noch, er wusste nicht mal, was er getan haben sollte, um so eine Behandlung zu erfahren. Eine falsche Identifizierung und schon waren wir drauf und dran, einen Menschen zu zerstören. Ich zumindest schäme mich zwar nicht dafür, was ich getan habe, denn die Fakten waren halt so, dass es auch Archie hätte sein können, aber wirklich mit Ruhm haben wir uns nicht bekleckert“.

Da standen die Agents wirklich etwas bedröppelt im Raum. Nach der Standpauke meinte Brown nur noch: „Bitte sperren Sie auch Bartosz Kowalski wegen Spionageverdacht in eine Zelle, wir verhören auch ihn morgen. Seine Frau sitzt unten schon in Untersuchungshaft.“

Dann verabschiedeten sich die zwei und fuhren erst mal Fish and Chips essen und dann weiter ins Hotel und dort ins Bett. Der Tag war zwar erfolgreich aber auch auf diesem Erfolg lag ein großer Schatten.

Kapitel 13

Die Aufarbeitung

Am nächsten Morgen saßen Jones und Brown in ihrem Büro und schauten sich an, was die Kellerasseln zusammengetragen hatten.

Die Kowalskis waren im Mai 2001 von Stettin nach Schottland übergesiedelt. Sie hatten sich ab dann mit Gelegenheitsjobs durchgeschlagen, schlecht bezahlte Jobs gab es ja immer. Im Jahr Januar 2011 machte Bartosz dann die Reinigungsfirma „SoClean“ auf, in der nur er und seine Frau angestellt waren. Sie putzten bei ein paar Firmen und auch Privatleuten. Sie wohnten zur Miete und hatten eine Ford Focus Kombi als Familienfahrzeug und einen Ford Transit Connect als Firmenfahrzeug. Sie machten ca. 50.000 Pfund Umsatz im Jahr, nach Abzug von Miete und Nebenkosten sollten die Kowalskis im Durchschnitt gute 15.000 Pfund im Jahr zum Leben haben. Davon leben konnte man wirklich nicht. Nur sagte die Bankauskunft aber was anderes aus. Seit 2015 gingen jährlich dubiose Bareinzahlungen ein, 2015 waren es 15.000 Pfund, 2016 schon 30.000 Pfund und 2017 und 2018 je 50.000 Pfund. Die letzte Einzahlung war Anfang 2019 in Höhe von 15.000 Pfund.

„Das sollte wohl die Bezahlung für den Plan sein, der uns in die Hände gefallen ist, denke ich“, sagte Jones. „Das machen also nach vier Jahren bis heute 160.000 Pfund, die durch nichts gedeckt sind.“

Da meinte Brown zu Jones: „Hier haben wir also einen Beleg dafür, wann die ganze Chose anfing. Ich denke, 2015 haben sie die Russen angeworben und von da an ging es klein, klein los. Jetzt haben sie sich so ein schönes finanzielles Polster angeschafft, denn von ihrer Reinigungsbude konnten sie nun wirklich nicht mehr leben."

Da stand Jones auf und meinte entspannt: „Lass uns mal mit den Kowalskis reden."

Dann gingen sie in ein Verhörzimmer und ließen sich aus dem Keller zuerst Elena bringen. die hatte ja anscheinend die Papiere besorgt.

Die beiden machten es sich bequem, tranken Tee und warteten auf Elena, die nach gut fünf Minuten erschien, Brown bat sie, sich ihnen gegenüber hinzusetzen. Dann stellte er sich und seinen Kollegen nochmals vor und eröffnete Elena Kowalski, das sie jetzt ein Verhör durchführen würden, dass dieses mit Tonband aufgezeichnet würde und das ihr später als Abschrift zur Unterschrift vorgelegt würde und dass alles, was sie sagte, später auch gegen sie verwendet werden könne. Er fragte: „Möchten Sie eine Aussage machen oder bestehen Sie auf Ihr Zeugnisverweigerungsrecht.

Da antwortete Elena: „Sie haben mich doch erwischt, warum soll ich jetzt noch mit der ganzen Sache hinterm Berg halten? Jetzt will ich auch gerne sagen, wie es dazu kam, dass wir uns dafür entschieden haben, mehr an uns zu denken als an das Land, dass uns aufgenommen hat."

Dann begann Brown also mit den Fragen: „Wer Sie sind, wissen wir ja nun, und dass Sie unsaubere Geschäfte tätigen, ist uns durch einen Blick auf Ihre Konten sofort klar geworden, Ihr Geschäft wirft kaum so viel Geld ab, dass es aus den roten Zahlen kommt, also mussten Sie sich wohl andere Verdienstmöglichkeiten erschließen. Wie kommt es dazu, dass Sie Informationen verkaufen? Klären Sie uns auf, die Beweislage ist erdrückend. Wer ist der Mittelsmann, der die Informationen abschöpft?“

Da trank Elena erst mal einen Schluck Tee, ehe sie begann zu reden: „Es ist eigentlich ganz einfach“, meinte sie sarkastisch. „Wir sind nach Schottland gekommen, um hier ein neues und besseres Leben zu führen, als wir es in Polen hatten. Aber die Realität sah leider anders aus. Wir waren immer nur die armen Polen, die man für einen Hungerlohn arbeiten lassen konnte und die ja froh sein konnten, das sie hier sind. Also waren wir willig, haben fleißig gearbeitet und hatten am Ende nie genug, um besser als schlecht zu leben. Trotz unseres eigenen Geschäftes, der Reinigungsfirma, hatten wir eher zu viel Arbeit als zu viel Geld. Es blieb nie genug hängen, dass wir uns mal was leisten konnten, und das belastete uns schon sehr.“

Da fragte Jones nach: „Wieso konnten Sie sich nichts leisten? Sie haben auf einem Unterkonto 160.000 Pfund versteckt. Das ist eine Menge Geld zum Ausgeben.“

Da lachte Elena auf: „Dazu kommen wir noch. Also kam der 23.06.2016 und das Brexit-Referendum der Engländer, das pro Brexit ausging. Und die erste Sau, die durchs Dorf getrieben wurde, war die wo es dann hieß, dass alle EU-Ausländer ohne Aufenthalstitel das Land über kurz oder lang verlassen sollen, wenn das United Kingdom nicht mehr zur EU gehört. Da stand plötzlich unsere ganze Lebensplanung in Frage und wir konnten wenig bis gar nichts dagegen tun, da wir ja nur geduldete EU-Ausländer hier sind. Das war eine mehr als düstere Aussicht, die uns da wieder erwartete. Ich putzte schon gut zwei Jahre für die Firma und die Wohnung der Familie Campbell und so kam, was kommen musste, Bartosz lernte im Pub einen Russen kennen, der, wie er sagte, öfter mal in Edinburgh sei. Diese Pubfreundschaft ging wohl ein Vierteljahr und uns ging es inzwischen finanziell mehr als schlecht, denn wir hatten mehr Ausgaben als Einnahmen. Darum lud der Russe meinen Bartosz auch immer im Pub ein, das gefiel meinem Mann und entlastete unseren Geldbeutel. So kam dann wohl irgendwann mal das Gespräch darauf, das ich bei Naval Electronic Systems arbeite. Da machte ihm der Russe das Angebot, wenn ich ihm Pläne, möglichst geheime Pläne, besorgen könnte, dann würde er sich finanziell nicht kleinlich zeigen. Uns stand das Wasser bis zum Hals, was sollten wir denn tun, also griff ich mir immer mal ein Papier, das mir in die Hände fiel und Bartosz übergab es dann im Pub dem Russen. Ich nenne ihn immer nur den Russen, weil ich persönlich seinen Namen gar nicht kenne. Also ich besorgte mit der Zeit alles aus der Firma, was ich meinte unverdächtig abgreifen zu können, und da ich ja auch in das Büro von Mr. Campbell konnte, war es für mich ein Leichtes, auch an geheime Pläne zu kommen. So verkauften wir über die Jahre diese Pläne, um uns ein Polster anzulegen. Wenn wir wieder in die Heimat zurückgeschickt werden sollten, in Polen sind 160.000 Pfund sehr viel Geld, dass sollte dann für einen Neustart dienen, wir wären dann nicht als gescheiterte Auswanderer, sondern als wohlhabende Rückkehrer angesehen worden. Ihr habt uns doch durch diesen Brexit ja förmlich den Hals zugedrückt und wir mussten sehen, wie wir damit fertigwerden, und wir haben es halt versucht, indem ich Papiere gestohlen habe, um sie dann später zu verkaufen, da ich sonst keine andere Möglichkeit gesehen habe, zu Geld zu kommen."

„Und das gibt Ihnen das Recht, Informationen an ein fremdes Land zu verkaufen", erwiderte Brown

„Ja", antwortete Elena trotzig, „durch die Drohung, uns

auszuweisen, habt ihr uns die neue Heimat genommen, da könnt ihr doch nicht erwarten, dass wir eine Heimat auf Abruf akzeptieren können. Das Ding habt ihr euch selber zuzuschreiben. Ich habe echt kein schlechtes Gewissen. Das einzige, was mir leid tut, ist, dass wir aufgeflogen sind, bevor wir mit dem dann angesammelten Geld ausgewiesen worden wären."

Da fragte Brown: „Wurden Sie auf die Firma Naval Electronic Systems angesetzt oder arbeiteten Sie da schon, als Sie angeworben wurden."

Da trank Elena den Tee leer und antwortete: „Nein, ich habe da schon gearbeitet, darum denke ich mir, dass sie uns gezielt angesprochen haben um in die Firma, um an die gesuchten Informationen zu kommen."

„Was haben Sie denn an Papieren gestohlen?", fragte Jones.

Da antwortete Elena lapidar: „Alles, was ich finden konnte und was nicht sofort auffiel. Mal stand Geheim drauf, mal nicht, ich ließ es in meinem Staubsauger verschwinden und dann ab in den Wagen und nach Hause damit."

Da griff Jones nach dem Telefon und ließ neuen Tee kommen und während sie darauf warteten, fragte sie Brown: „Können Sie sich daran erinnern, wie viele Pläne Sie in den letzten vier Jahren gestohlen und verkauft haben?"

Da kam der Tee und als sie wieder alleine waren, erwiderte Elena ruhig: „Es war eine menge Papier. Im ersten Jahr nur mal einzelne Blätter, aber ich merkte, je mehr Papier um so mehr Papier in Form von Geldscheinen, also klaute ich alles, wie schon gesagt, nur nicht so viel, dass es auffallen konnte oder bis heute aufgefallen ist. Mr. Campbell war auch einfach zu vertrauensvoll, womit er aber auch in den ersten Jahren recht hatte, ich hätte ihn nie hintergangen, aber als der Brexit kam, änderte sich alles, da war das Vertrauen plötzlich Leichtsinn."

Dann trank sie einen weiteren Schluck Tee und sie fragte, ob Sie mal auf die Toilette gehen könne. Da griff Jones nach dem Telefon und beorderte eine weibliche Polizistin herbei, um mit Elena auf die Toilette zu gehen, sie wollten ja nicht, dass sich Elena auf dem Weg zur Toilette aus dem Staube macht.

Ein paar Minuten später stand die Polizistin in der Tür und bat Elena ihr zu folgen.

Brown meinte zu Jones: „Na, wie du siehst, kannst du niemandem trauen. Die redet darüber, eine Spionin zu sein, als würde sie uns ein Küchenrezept erzählen. Das scheint die Wirklich nicht zu berühren. Die hat wohl mit Schottland abgeschlossen und wollte nur noch Geld machen und dann verschwinden."

„Die hat seit dem Brexit Angst um ihre Existenz und wenn du die Marionetten in der Downing Street 10 siehst, kann einem ja auch Angst und Bange werden", antwortete Jones deprimiert.

„Viel schlimmer finde ich es, dass unsere gesamte Ermittlung von Anfang an daran gekrankt hat, dass die einem falsche Information ausgeben und wir auf Grund der falschen Infos einen armen Tropf finanziell zu Grunde richten, und der hat halt dann eben mal Pech gehabt, mir ist nicht sehr wohl dabei. Der Harrison kriegt jetzt einen 5000-Pfund-Strafbefehl und hat mal eben 300 Pfund Abschleppkosen bezahlt. Das ist bei knapp 1000 Pfund Monatsverdienst echt krass, ich muss ehrlich sagen, ich kann gar nicht soviel essen, wie ich manchmal kotzen möchte."

„Reg dich ab", meinte Brown. „Wir haben ihn doch nun

schließlich rehabilitiert, zu einem hohen Preis, aber dafür, dass er illegale Schreckschusswaffen besaß, dafür können wir ja nichts."

Da kam Elena wieder und Brown wies die Polizistin an, nun auch Bartosz Kowalski in das Verhörzimmer zu holen. So warteten die drei auf den vierten im Bunde, der dann auch recht zügig herbeigeschafft wurde.

Brown stellte wiederum seinen Kollegen Jones und sich vor und gab Bartosz zu verstehen, dass dies ein Verhör sei und dieses, wie man ja unschwer erkennen könne, aufgezeichnet werde.

Dann fragte Brown: „Wir haben eigentlich schon alles Wichtige von Ihrer Frau erfahren, nun möchten wir von Ihnen etwas über den Informanten hören, dem Sie die Papiere übergeben haben, so detailliert wie möglich bitte. Ihre Frau hat uns alles das gesagt was wir ermitteln wollten, jetzt sind Sie am Zug."

„Der Mann heißt Juri, ist ca. 45 Jahre alt und hat kurze braune Haare, kommt jeden zweiten Donnerstag nach Rosyth in den White Lion, und da trinken wir was zusammen und ich übergebe ihm dann die Papiere und er gibt mir das Geld. Mehr weis ich von dem nicht."

„Eine Adresse haben Sie nicht?", fragte Jones.

„No, Sir, ich gehe davon aus, dass er wohl nur zum Abholen der Papiere nach Rosythe kommt, der hat hier höchstens ein Hotelzimmer, denke ich", antwortete Bartosz.

Da fragte Brown: „Ist heute der zweite Donnerstag? Wenn Sie uns helfen, den russischen Agenten zu fangen, so sollte sich das bei Ihnen beiden strafmildernd auswirken. Denken Sie darüber nach, was Sie jetzt antworten."

„Ja, Sir, heute ist der Tag des Treffens. Wenn Sie ihn haben wollen, helfe ich Ihnen gerne. Ich hoffe, das wird honoriert, da anscheinend meine Frau genauso kooperativ war. Alles andere ist doch keine Frage. Wir müssen um 21 Uhr im White Lion sein und da werde ich Ihnen den Spion auf dem silbernen Tablett servieren."

Das fand Brown in Ordnung und er beendete das Verhör.

Er ließ die zwei wieder abholen und rief dann DCI Crawford an und meinte, das er gleich mal vorbeikommen würde. Dann machte er sich mit Jones auf den Weg und bei dem DCI angekommen, fragte er ihn: „Wir wollen heute Abend, genau 21:00 Uhr, eine Verhaftung im Pub White Lion vornehmem. Können Sie uns ein paar Leute in zivil als Unterstützung mitgeben?"

„Wen wollen Sie denn verhaften?", fragte der DCI. „Den Maulwurf haben Sie doch."

„Jetzt geht es um den Führungsoffizier, den Spion, der die Papiere weitergibt. Der kommt heute Abend, um das neueste Material abzuholen, und da wollen wir ihn gerne hopsnehmen"

„Das bekommen wir hin. Ich gebe Ihnen sechs Leute, zwei Frauen und vier Männer in zivil und zwei Streifenwagen in der Nähe mit. Das müsste eigentlich reichen. Sie werden Pünktlich um 20:30 Uhr im White Lion sein und sie tatkräftig unterstützen."

„Das passt perfekt", meinte Brown, „wir nehmen Bartosz mit in den Pub. Seine Frau bleibt weiter in U–Haft. Er wird kaum türmen und seine Frau im Knast zurücklassen, und wenn alles gut geht, bringen wir gegen 22 Uhr Bartosz und den Spion mit."

Dann machten sich die Agenten auf den Weg in ihr Büro, um noch so einiges vorzubereiten.

Gegen 19 Uhr holten Sie Bartosz aus der Zelle und dann ging es zusammen in den White Lion, einen gewöhnlichen

Eckpub mit Tischen unter den Fenstern und einer großen Theke, wo sie sich dann zu dritt setzten. Einen Barhocker ließen sie zwischen sich und Bartosz frei und dann betrat plötzlich ein Paar den Pub, welches sich an den Tisch neben der Tür setzte. Jones erkannte sofort die ersten zwei Polizisten, etwas später kamen die nächsten, die sich an den Tisch bei dem Weg zu den Toiletten und dem Hintereingang setzten, und ehe die beiden saßen, kamen noch zwei Männer, die sich an den Tresen setzten und Bier bestellten.

Da flüsterte Brown zu Jones: „Die Verstärkung ist da, er kann kommen."

Es war kurz vor 21:00 Uhr, Brown und Jones hielten sich noch an ihrem Ale fest und erwarteten den Kontaktmann. Der Pub war zwar nicht voll, aber recht gut gefüllt, überall hörte man es reden und es wurde recht gut getrunken. Das Paar hinter der Bar hatte gut zu tun, als plötzlich ein Mann den Pub betrat und sich umschaute und dann direkt auf den an der Theke sitzenden Bartosz zuschritt. Das musste wohl der Kontaktmann sein.

Er begrüßte Bartosz freundlich auf Polnisch, schüttelte ihm die Hand und in dem Moment rutschte Jones von seinem Hocker, nahm den Mann in den Schwitzkasten, presste seine Arme an den Körper und flüsterte ihm ins Ohr: „Polizei, Sie sind verhaftet."

Dann stürmten alle los, um den Mann zu Boden zu drücken und ihm dann auf dem Rücken die Handschellen anzulegen. Der Russe war so überrascht, dass er sich gar nicht wehren konnte. Dann hielt mit quietschenden Reifen ein Streifenwagen vor der Tür und der Russe wurde in den Wagen verbracht und ab ins Polizeirevier. Das lief ja wie am Schnürchen, dachte Brown. Der verfrachtete dann auch

Bartosz in sein Auto und dann ging es auch ins Polizeirevier.

Als er dort angekommen war, übergab er Bartosez einem Polizisten, der ihn in den Keller bringen sollte.

Dann ging er mit Jones zu DCI Crawfort und wollte sich verabschieden: „So, DCI Crawford, wir sind hier fertig, unser Büro kann wieder anderweitig genutzt werden. Die Maulwürfe sind enttarnt, der Kontaktmann gefasst und jetzt ist es an der Staatsanwaltschaft, Klage zu erheben. Wir werden unseren Bericht, den der MI 5 bekommt, als Kopie auch an die Staatsanwaltschaft schicken. Das Tonband des Verhöres von den Kowalskis ist noch im Gerät im Verhörzimmer und kann abgeschrieben werden. Lassen Sie bitte die Kowalskis die abgeschriebenen Aussagen unterschreiben und schicken uns diese Aussagen in Kopie bitte für unseren Bericht zu. Um den Russen verhören zu lassen, rufe ich den MI 6 an. Der ist für die Russen zuständig, die können ja schliesslich auch mal was tun. Ich denke, unser Job hier ist getan. Jetzt ist es Zeit, endlich wieder nach London zu fliegen. Es war uns eine große Ehre, mit Ihnen zusammengearbeitet zu haben, und ich denke, Sie haben Ihre Stadt ganz gut im Griff.“ Dann fragte er Jones: „Wolltest du noch was sagen?

„Alles gut, du hast alles gesagt. Danke Ihnen, DCI Crawford, und auf bald mal wieder.“

Dann drehten sich die beiden um und verschwanden zuerst aus dem Büro, gaben die Zimmerschlüssel und Fernbedienungen für den Parkplatzwächter ab, dann aus dem Revier, etwas später aus dem Hotel und dann ganz schnell aus der Stadt, denn jetzt, wo alles vorbei war, hatten die es plötzlich sehr eilig, den letzten Flieger zu erreichen, um aus der Provinz in ihr geliebtes London zu kommen.

Es sah fast wie eine Flucht aus, wie die zwei da so schnell und überstürzt abreisten. Vielleicht war es auch nur das schlechte Gewissen darüber, was sie bei Archie Harrison angerichtet hatten.

Sie hatten es gerade noch abgewendet, von Sir Powell in die Wüste geschickt zu werden. Es war ein hartes Stück Arbeit und noch schlimmer, der Preis war sehr hoch, nur ein Glück, sie mussten den Preis nicht zahlen. Sie waren fein raus und konnten entspannt auf die Beförderung warten, die jetzt wohl von einem sehr dankbarem Sir Powell ausgesprochen werden würde.

Erst wieder im Flugzeug sitzend wurde Ihnen bewusst, dass sie es wirklich geschafft hatten und dass es sich echt gut anfühlte, diese Aufgabe gemeistert zu haben.

Dann dösten die beiden Agenten bis zum nach Gatwick Airport, wo sie dann weit nach Mitternacht jeder ein Taxi nach London bestiegen, es war ja nicht Ihr Geld, und sie ließen sich zufrieden durch die Nacht nach Hause fahren.

Weitere Bücher von

„ The Riser“ beim Rediroma-Verlag

Die Hirschburger Powerstation-Story 1986

Ein Buch aus den 80er Jahren über die Zeit, die viele so schmerzlich vermissen.

Dieses Buch wurde vom 10.08.1986 bis zum 10.10.1986 geschrieben, eine Perle aus der Zeit mit Vergasermotoren und Kassettenrekordern.

Zum Inhalt:

Das ist eine Geschichte von jungen Erwachsenen in einer niedersächsischen Kleinstadt im Sommer 1986.
Es sind die Erlebnisse der autoverrückten Hirschburger, die sogar eine Reparaturhalle haben, ihre „Powerstation“, und den motorradfahrenden Hirschburger Ghosthuntern, zweier rivalisierenden Clubs in Hirschburg, die sich nicht leiden können und einander eins auszuwischen, wo sie nur können.

Die Fehde droht zu eskalieren, als die Freundin des Anführers der Hirschburger Ghosthunter der Liebe wegen zu den Hirschburgern überläuft.

So kommt es zu Raufereien mit teils schmerzhaften Auswirkungen.

Doch auch Motorradrocker können sich nicht alles erlauben und so bekommen die Ghosthunter aus Hirschburg bald Probleme mit einer höheren Instanz, die sie so gar nicht auf dem Zettel haben.

Dieses Buch ist für jeden etwas, der die 80er Jahre liebt, wie eine Reise in die Vergangenheit, ohne Google, Wikipedia, Internet und Handys, viel Spaß bei der vergnüglichen Zeitreise in die 80er Jahre.

ISBN 978-3-96103-263-1
206 Seiten
10,95 Euro (D)

Mein Letzter Tag
Jeder Tag geht mal zu Ende

Dieses Buch spielt zu großen Teilen im Jahr 2018 und hat dadurch eine menge Bezüge zum Deutschland unserer Zeit.

Hier sitze ich nun in einer Berliner Kneipe und weiß, dass mein Leben enden wird. Heute wird es mir genommen, wie auch ich ein Leben nahm. Die Ansage war eindeutig und ich weiß, ich kann ihr nicht entrinnen.

Ich bin Armenier, der sich in Moskau die Nächte um die Ohren geschlagen hat. Ich habe mir das Geld mit jeder Art von illegalen Möglichkeiten verdient.

Als ich es dann übertrieb und mir sogar den KGB zum Feind machte, wurde es Zeit zu gehen. Also flüchtete ich über viele Stationen nach Wien, wo ich als Asylant keine Chance hatte.

Was macht man also, wenn es nicht weitergeht? Man flieht über die Grenze nach Deutschland, dem Schlaraffenland für alle, die es bis dahin schaffen.

Nur dass ich über zehn Jahre für die Anerkennnung als Flüchtling kämpfte, sie aber nie bekam. Das habe ich nie verstanden.

Dass es jetzt endet, liegt daran, dass man nicht ein Leben lang vor dem KGB davonlaufen kann.

Irgendwann bekommt man die Quittung.

Ich habe diese durchaus verdient.

Ich blicke noch mal zurück auf mein verschwendetes Leben mit allen Höhen und Tiefen und hoffe, dass mein Nachruf die Welt erreicht.

Das Buch ist ein spannender Krimi mit aktuellen Bezügen aus Deutschland in diesen Jahren.

ISBN 978-3-96103-491-8
188 Seiten
9,95 Euro